KB061680

이러다 정말
죽을 것 같아서
나는 책을 읽었다

이러다 정말 죽을 것 같아서 나는 책을 읽었다

초 판 1쇄 2019년 11월 26일

지은이 장지민
펴낸이 류종렬

펴낸곳 미다스북스
총괄실장 명상완
책임편집 이다경
책임진행 박새연 김가영 신은서
본문교정 최은혜 강윤희 정은희

등록 2001년 3월 21일 제2001-000040호
주소 서울시 마포구 양화로 133 서교타워 711호
전화 02) 322-7802~3
팩스 02) 6007-1845
블로그 http://blog.naver.com/midasbooks
전자주소 midasbooks@hanmail.net
페이스북 https://www.facebook.com/midasbooks425

© 장지민, 미다스북스 2019, *Printed in Korea*.

ISBN 978-89-6637-720-6 03190

값 15,000원

※ 파본은 본사나 구입하신 서점에서 교환해드립니다.
※ 이 책에 실린 모든 콘텐츠는 미다스북스가 저작권자와의 계약에 따라 발행한 것이므로 인용하시거나 참고하실
   경우 반드시 본사의 허락을 받으셔야 합니다.

미다스북스는 다음세대에게 필요한 지혜와 교양을 생각합니다.

이러다 정말
죽을 것 같아서
나는 책을 읽었다

장지민 지음

미다스북스

지쳤던 나를 일으킨
기적 같은 혁명, 독서

현실에 서 있는 자신을 발견하다

상고를 갓 졸업해 취업한 회사를 시작으로, 나는 끊임없이 일했다. 특별한 날을 제외하고 휴일에 쉬는 것은 나에게 사치였다. 아이들을 키웠던 6년을 제외하고 마음 편히 쉬어 본 적이 없다. 넉넉하지 않은 집안에서 자란 탓인지, 부자가 되고 싶다는 꿈을 항상 가지고 있었다. 20대에 만났던 직장의 오너를 통해 부자란 저렇게 사는구나 하며 간접체험을 했다. 그를 통해 부자가 되고 싶다는 꿈이 더 확고해졌다. 그때는 부자가 되는 방법도 모른 채, 성공의 기준도 모른 채, 막연히 부자가 되고 싶었다. 돈을 벌고 싶었다. 그래서 열심히 살아야 했다. 열심히만 살면 되는 줄 알았다. 온갖 돈 된다는 것은 다했다. 아이들이 어렸을 때 했던 부업을 필두로 내가 할 수 있는 모든 것을 섭렵했다.

지금까지 10개가 넘는 직업을 소화하면서 죽을 만큼 일에 미쳐 살았다. 밤낮으로 욕심 부리며 나를 혹사했다. 글을 쓰고 있는 이 시간이 가장 한가로울 만큼, 나에게 시간이라는 놈은 늘 다급히 찾아왔다. 제일 기억에 남고 가장 오랫동안 했고 가장 좋아했고 가장 힘들었던 인테리어 일은 내 가슴에 애잔하게 남는 직업이다. 많은 추억과 미련과 시련과 고통을 동반한 직업이었기에 평생 잊을 수 없는 아픈 직업이었다. 죽을 고비를 심하게 넘기고 손에서 놓았다. 그리고 선택한 세일즈 사업에 내 인생 전부를 걸었다.

나는 그곳에서 부자와 성공이란 두 마리 토끼를 모두 잡을 것 같았다. 그러나 부자란 놈은 나에게 오지 않았다. 부자는커녕 현실은 타인에 의해 매번 끌려다니는 내 모습을 발견할 뿐이었다. 세일즈 사업을 통해 인간관계에 대한 혼란을 겪으며 내 자신을 새롭게 인식하게 되었다. 타인에게 나의 모든 것을 일임하는 자신을 보았고, 그것을 통해 나에 대한 정체성이 뭔지 혼란이 왔다. 그런 자신으로 인해 삶의 회의마저 느끼게 되었다.

　나를 몰아세운 건 다름 아닌 나 자신이었다. 무식할 만큼 열심이었던 세상에, 나를 던지고 살았다. 그렇게 던져졌다 돌아온 나는 몸과 마음이 상처로 짓이겨진 모습이었다. 할퀴고 찢긴 채 멍들어 있는 스스로를 보며, 지난 세월을 한없이 후회했다. '그렇게 살면 안 되었는데….' 비록 내 선택이었지만, 선택의 결과는 너무 잔인했다. 지칠 대로 지친 내 육신을 위해 쉴 곳을 찾아야 했다. 타인으로부터, 자신으로부터 내몰린 나를 내가 보듬어야 한다는 것을 직감하며 더는 물러서지 않으리라 다짐했다. 주변을 둘러보아도 내가 어떻게 해야 할지 아무도 가르쳐주지 않았다. 한없이 작아지는 나를 깨운 건 다름 아닌 책이었다.

　그동안 공중으로 사라졌던 나를, 책은 찾아줄 것 같았다. 더는 자신을 외면하지 않겠다는 각오로 책을 만났고 책을 썼다. 책과 만나면서 그동안 외면했던 자신을 똑바로 바라보게 되었다. 너무 자신에 대해서 모르고 있는 나에게, 초등학생 가르치듯 하나하나 가르쳤다. 자신의 존재가 뭔지, 자신의 가치가 얼마나 소중한지, 자존감이 자신에게 얼마나 큰 역할을 하는지, 면밀하게 꼼꼼하게 책과 소통했다. 그리고는 하나하나 알아갔다. 나는 이런 사람이었구나. 나는 이래서 타인에게 상처를 받았구나. 모든 게 내 욕심으로 인해 일어난 일이었구나. 연신 마음을 후벼 파는 책과 대화하며 나를 다독였다.

지친 내 삶에 버팀목이 되어준 책

책이 있어 버틸 수 있었다. 책이 있어 버티고 있다. 현실은 하나도 바뀌지 않았다. 내가 큰 부자가 된 것도 아니고 숨통이 조여오는 현실이 풀린 것도 아니다. 세상은 꿈쩍도 하지 않고 그대로였다. 그러나 나를 찾고부터 현실을 바라보는 시선이 달라졌다. 현실에 처한 상황을 어떻게 바라봐야 하고 어떻게 처신해야 하는지를 담담히 받아들이고 있다.

책은, 더는 나를 타인에게 휘둘리게 그냥 두지 않았다. 어떠한 이설에도 동요되지 않고, 스스로 판단하도록 기다려주었다. 독서로 인해 나의 내면이 단단해지고 있었다. 책을 선택한 나 자신이 대견하고 감사했다. 책은 옳았다. 책은 내 선택을 지지했다. 힘들게는 살았지만, 사람에 대한 내 가치관이 옳았다는 것을 증명해주었다. 타인에게 흔들렸던 건 사실이지만, 돈보다 사람이 우선이라는 내 가치관은 결코 양보할 수 없었다. 책은 그것을 입증해주었다. 책은 나를 반성하게 하고 나를 알게 하고 내 꿈을 응원했다. 독서를 하고부터 지금의 나를 온전히 받아들이게 되었다. 하루가 모여 미래가 된다는 사실을 깨닫고 내 선택에 집중하려 노력하고 있다. 독서는 의지할 곳 없는 내 손을 잡아주고 힘이 되어주었다.

독서는 지쳤던 나를 일으킨 기적이고 혁명이다.

김승호 회장의 『알면서도 알지 못하는 것들』의 프롤로그에는 "당연히 강연이나 방송보다 수십 배 수백 배의 중압감을 느낍니다. 그러나 이런 중압감에도 책을 쓰는 이유는 이 책을 읽고 그날 저녁 인생이 바뀔 누군가 있다는 것을 믿기 때문입니다. 글이 주는 진실의 힘이 전달될 것을 알기 때문입니다. 비록 그런 사람이 단 한명이라도…."라고 쓰여 있다.

나는 감히 말하고 싶다. 김승호 회장의 글을 읽고 인생이 바뀐 단 한 명이 나였다고. 그처럼 나의 진심을 담은 이 글이 자신을 찾고 싶은 사람의 여정에 힘이 되고 나처럼 꿈꾸는 사람에게 한 줄기 희망이 되면 좋겠다. 단 한 명이라도 자신을 찾고 싶은 사람에게 이 책이 도움이 되면 좋겠다. 그렇다면 이 글을 쓴 이유가 넘치도록 충분할 것 같다.

마지막으로 나를 이렇게 멋지게 낳아주신 부모님과 항상 든든한 나무가 되어준 사랑하는 남편, 세상에서 둘도 없는 아들과 딸, 주변 나의 지인들께 사랑과 감사를 전한다.

지금보다 나은 내일을 기대하며, 다시 꿈꾸기를 시작하면서….

2019년 11월 장지민

목 차

4장
마음에 휘둘리는 사람들을 위한 독서 처방 7스텝

5장
독서는 내 삶의 기적 같은 혁명이었다

1장

내가 책을 읽기 시작한 이유

1

나는 어떤 삶을 살고 싶은 걸까?

당신이 할 수 있는 가장 큰 모험은, 당신이 꿈꾸는 삶을 사는 것이다.

- 오프라 윈프리

부자로 살고 싶었다

내가 초등학교 4학년쯤 되었을 때다. 아버지의 손에 이끌려 종친회에 갔다. 그곳에는 어른들밖에 보이지 않았다. 그래서 나는 혼자 이것저것 구경했다. 그러던 중 나처럼 아버지를 따라온 듯한 아이를 발견했다. 그 아이는 얼굴이 몹시 예뻤다. 그리고 예쁜 원피스를 입고 곱게 빗어 단정하게 묶은 머리를 하고 있었다. 어린 내가 봤을 때도 부잣집 아이 같았다. 그 순간 내가 너무 초라해 보였다. 나는 엄마가 만들어준 반바지에 티셔츠 차림이었다. 나도 엄마가 머리를 예쁘게 빗겨주었다. 하지만 그 아이는 나보다 더 예쁜 머리 방울을 하고 있었다. 나는 그 아이 옆에 있는 게 싫었다. 그래서 도망치듯 얼른 아버지 옆으로 가버렸다. 아버지는 술을 참 좋아하셨다. 그날도 세상 걱정 없는 모습으로 함박웃음으로 술을 드셨다. 시간이 얼마쯤 흘렀을까? 한참 후 아버지는 집으로 가자고 하셨다. 나는 그때부터 심술을 부렸다. 아까 본 그 아이가 입었던 원피스를 입고 싶었기 때문이다. 내 마음을 모르는 아버지는 내가 왜 심술을 부리는지 몰랐다. 나는 무작정 아버지를 졸랐다. 옷을 사달라고 떼를 썼다. 아버지는 술에 취한 채 내 손에 이끌려 서문시장으로 갔다. 당시 리어카에서 팔던 하얀색 원피스를 얻어 입고는 더는 그 아이가 생각나지 않았다.

내가 부자를 동경하게 된 것은 아마 이때부터였던 것 같다. 나는 성인이 되어서도 막연하게 부자가 되고 싶었다. 부자는 태생부터 부자인 줄 알았다. 1남 3녀 중 막내인 나는 장사만 했던 부모님 덕분에 푼돈 아쉬운 줄 모르고 자랐다. 그런 때문인지 지금도 경제 개념에 좀 약하다. 나의 부모님은 이것저것 가리지 않고 장사를 하셨고 늘 바빴다. 엄마의 다섯 손가락은 계산기 역할을 하느라 쉴 틈이 없었다. 부모님이 바쁜 것에 비하면 집안 형편이 풍족하지는 않았다.

나는 부모님의 장점만 닮아 천성이 착하고 싹싹했다. 가끔 부모님 대신 가게를 볼 때가 많았다. 그때마다 나의 싹싹함은 역할을 톡톡히 했다. 누가 가르쳐주지 않는데도 고객 응대를 잘했다. 그런 영향으로 인해,

나는 상고를 졸업해 A 백화점에 취업했다. 나는 장사에 재미를 느껴 백화점에 취업했는데, 나의 의도와는 달리 처음 발령 받은 곳은 경리 부서였다. 하지만 어떠한 환경에도 적응을 잘했던 나는 그 또한 재미있었다.

3년쯤 지나 백화점 매장에 포스기가 막 도입될 때였다. 회사생활에 한참 재미를 느낄 즈음 큰언니가 결혼하게 되었다. 그러면서 나는 언니가 다녔던 무역회사로 이직 제안을 받았다. 갑작스러운 일이었지만 큰언니의 제안으로 자연스럽게 이직하게 되었다. 언니가 무역회사에서 인정을 받았던 터였다. 그래서 사장님은 언니를 대신할 사람이 필요했고 그게 나였다. 나는 무역회사에 입사하자마자 일을 배우기 바빴다. 언니의 결혼식 전까지 업무 인수인계를 마쳐야 했기 때문이다. 사장님은 잦은 해외 출장 때문에 사무실에 잘 계시지 않았다. 그러나 사무실에 계실 때는 점심 식사도 같이하며 직원들에게 참 잘해주었다. 그리고 나에게 특별히 더 잘해주었다. 사무실에서 고참이기도 했고, 언니의 동생이라는 이유도 있었다. 어느 날 점심 식사 시간의 일이었다. 사장님은 직원들과 함께 점심을 먹으러 B 호텔 뷔페식당으로 갔다. 나는 그때 처음으로 뷔페 음식을 먹었다. 그날 나는 부자 세계를 체험한 듯했다. '부자는 이런 곳에서 밥을 먹는구나.'

지금은 호텔에서 흔하게 식사를 한다. 하지만 30년 전만 해도 평범한 사람은 감히 가지 못하는 곳이었다. 부유한 삶을 즐기는 사장님은 나와는 다른 세계 사람처럼 느껴졌다. 내가 꿈도 꿀 수 없는 그런 삶을 살고 있었다. 사장님의 부가 정말 부러웠다.

사장님은 엄청난 재력가 집안의 자식이었다. 그리고 우리나라 최고의 대기업인 S사 출신이었다. 그런 때문인지 행동이 많이 달랐다. 경영자로서 그에게서 뿜어져 나오는 카리스마가 분명하게 느껴졌다. 그렇게 사장님은 친절했지만, 내게는 다가갈 수 없는 큰 산이었다. 이제 와서 한 가지 후회되는 것은 사장님의 삶을 부러워만 했지 배워야겠다는 생각은 전혀 하지 못했다는 것이다. 30년 전 내 눈에는 사장님이 가장 큰 부자로 보였다.

결과에는 이유가 다 있다

나는 결혼하고 맞벌이를 했다. 우리 부부 월급은 둘이서 생활하기엔 넉넉했다. 하지만 아이들이 태어나면서 내가 직장을 그만두게 되었다. 그러면서 생활이 쪼들리기 시작했다. 나는 생활비에 보태려고 부업도 했다. 보육교사부터 피부관리사까지 안 해본 것이 없다. 수많은 직업을 경험했다. 열심히만 살면 부자가 될 것이라는 희망을 안고 죽을 만큼 치열하게 살았다. 하지만 현실은 그리 녹록지 않았다. 지금까지 난 돈과 친해지려고 끊임없이 노력했지만, 뜻대로 되지 않았다. 그리고 돈은 언제나 나를 피해 도망 다녔다.

J라는 친구가 있었다. J는 결혼하면서 신접살림을 주택에서 시작했다. J의 집은 전세 사는 나에 비해 너무 멋졌다. 가끔 나는 J집에 놀러 갔는데 다녀온 날은 꼭 우울했다. 그리고 남편과 어김없이 다투었다. 그리고 J와는 한동안 연락이 끊겼다. 다시 만난 J는 내가 그토록 원하던 부자가 되어 있었다. 그리고 나와는 다른 삶을 살고 있었다. 사업체를 3개나 가지고 있었고, 경제적 부를 누리는 사람이 되어 있었다. 그것 또한 J가 노력한 결과였다. 그렇게 J의 현재 모습은 나의 부러움을 살 만 했다. J는 부자가 되기 위해 얼마나 노력했을까? 얼마나 수많은 고통과 인내를 삼켜야 했을까? J가 참 대단해 보였다. 세상은 거저 되는 것이 단 하나도 없다. J는 나보다 훨씬 일찍 그것을 터득한 것 같았다.

나는 어떤 삶을 살고 싶은 걸까? 내가 원하는 삶은 과연 무엇일까?

나는 돈과 씨름하지 않는 삶, 평범하지 않은 아주 특별한 삶, 부자의 삶을 살고 싶었다. 돈의 노예가 되지 않고 돈의 주인이 되고 싶었다. 진정으로 내가 좋아하는 일을 하며 살고 싶었다. 이것이 진정 내가 원하는 삶이었다.

지나온 삶을 되돌아보면 나는 무식할 만큼 일했다. 그러면 부자가 되는 줄 알았다. 열심히만 일하면 내가 원하는 삶을 살게 되는 줄 알았다. 죽을 만큼 힘들어도 우리 가족이 행복하고 부자만 될 수 있다면 나는 다 괜찮았다. 그런데 지금 와서 돌이켜보니 그게 아니었다. 나는 그동안 그냥 일에만 미쳐 있는 사람일 뿐이었다. 그래서 얻은 결과는 망가진 마음과 몸이었다.

정말 내가 그토록 원했던 부자의 삶에는, 내가 모르는 비밀이 분명 존재하고 있었다. 과거에도 그리고 현재에도. 나의 꿈인 부자는, 무조건 열심히 산다고, 무작정 부자의 꿈만 꾼다고 되는 것이 아니었다. 부자가 되기 위해 내가 했던 행동은, 그냥 열심히 사는 것, 그리고 환경을 탓하는 것, 부자에 대한 동경 그것이 다였다.

나를 살린 문장들

『꿈꾸는 다락방』
이지성, 국일미디어

"평범한 사람들은 죽도록 열심히 일하는 것을 성공의 제1요소로 생각한다. 하지만 성공한 사람들은 성공한 자신의 모습을 생생하게 그릴 수 있는 능력을 제1요소로 생각한다. 둘 중 누가 옳은 것일까? 당연히 성공한 사람들이 옳다. 호텔왕 콘래드 힐튼이 생전에 "호텔 왕인 나와 평범한 호텔 직원과의 차이는 오직 하나, 성공을 상상하는 능력 외에는 없다."라고 입버릇처럼 읊조리고 다녔던 것을 음미해 보기 바란다."

– p.39

부자의 삶의 비밀은 꿈꾸는 능력에 있다.

2

꿈이 없는 어제와 똑같이 살기 싫었다

꿈을 계속 간직하고 있으면 반드시 실현할 때가 온다.

— 괴테

모두가 대학생이었고 나만 직장인이었다

나는 상고를 졸업했다. 그래서 대학교에 가지 못했다. 나의 버킷리스트 중 하나가 '예순 살 되기 전에 대학교 가기'이다. 나는 풋풋한 20대 시절을 대학 교정에서 보내지 못했다. 긴 생머리 휘날리며 깔깔거리는 대학생 모습을 아직도 상상한다.

20대의 어느 날, 대학축제가 한창이던 때였다. 고모 집에 동갑내기 조카가 있었다. 그 조카는 대학교에 입학했었다. 동갑내기였던 조카와는 평소에 친구처럼 지냈다. 조카는 나를 대학축제 파트너로 초청했다. 나는 대학교에 대한 환상도 있었고, 재미있을 것 같았다. 원래는 여자친구를 데리고 가야 하지만, 조카는 파트너를 구하지 못했다. 나는 대학 교정을 느끼고 싶었다. 그래서 흔쾌히 허락하고 축제를 갔다. 축제는 상상 이상이었다. 너무 재미있었다. 내가 상상했던 그런 곳이었다. 거기까지는 참 좋았다. 그런데 만나는 사람마다 어느 학교 다니냐고 물었다. 그곳엔 모두가 대학생이었고, 나는 직장인이었다. 그래서 나는 기어들어 가는 목소리로 직장인이라고 했다. 몇 번을 대답했는지 모르겠다. 그리고 한참이 지나자 환상적인 축제가 끝이 났다. 조카는 함께 와줘서 고맙다고 했다. 나중에 밥 한번 먹자고 하고는 친구들과 유유히 사라졌다.

어느 날, 회사 대출 관련 건으로 신용보증기금에 갔던 일이다. 그런데 담당직원이 학력을 물었다. 나는 쥐구멍으로 들어가고 싶었다. 나는 얼굴이 일그러진 채 '대출하고 학력하고 무슨 상관이야.'라며 중얼거렸다. 하지만 그 직원은 본인의 임무에 충실할 뿐이었다. 내겐 학력 콤플렉스가 있었다. 그래서 누군가가 학력을 물어보는 게 제일 싫었다. 나는 학사를 기준으로 똑똑함을 판단했다. 대학교를 나오면 유식해 보였기 때문이다.

내가 생각하는 부의 기준, 성공의 기준은 대학교를 나오는 것이었다. 그래서 그토록 대학교를 가고 싶어 했다. 공부를 잘해 대학교를 졸업하면 그저 성공할 것 같았고, 부자가 될 수 있다고 생각한 것 같다.

내가 했던 15년의 인테리어업은 나에게 대학교 문턱을 넘게 해준 직업이다. 나는 우여곡절 끝에 인테리어업을 시작하게 되었다. 시작한 지 1년여가 지났을 무렵 일의 전문성을 갖추고 싶어 전문대학교 건축계열 실내디자인과에 입학했다. 그렇지 않고는 경쟁이 치열한 동종업계에서 살아남기 힘들겠다고 판단했기 때문이다. 당연히 야간이었다. 낮에는 현장에서 일했고, 밤에는 학업을 불태웠다. 실제 현장에서 하고 있던 직업이어서 그런지 재미있었다. 일을 하며 공부도 하는 자신이 자랑스럽기까지 했다. 그리고 현장에 접목하기도 쉬워 아주 유용했다. 하지만 나는 야간 전문대학교에 만족하지 못했고, 편입이라는 꿈을 또 가지게 되었다.

현실이 냉혹하면 할수록 성공하고 싶다는 꿈은 더 명확해져갔다

나는 인테리어 현장에서 많은 난관에 부딪혔다. 그리고 지독한 삶을 배웠다. 남편은 현장을 총감독 지휘했다. 공사 진행 상황 및 일정을 체크했고, 공사가 끝나면 마지막 작업을 마무리했다. 그것을 통상 현장용어로 '마감한다.'라고 한다. 남편과 나는 마감을 하기 위해 공사현장에 남아 꼼꼼히 점검했다. 한 달에 몇 군데 현장이 겹치면 남편과 나의 몸은 죽은 것이나 진배없었다. 그리고 마감 중에 나오는 폐기물처리와 뒷정리도 우리가 직접 했다. 나는 현장에서만큼은 여자가 아니었다. 남자처럼 일했다. 그리고 남편은 가장 힘든 AS 발생 건의 90%를 직접 다했다. 1인 무한대의 역할을 우리는 해야 했다. 그러고도 나는 고객 상담, 인테리어 콘셉트, 자재 구매, 자재 주문, 도면 작업, 공사 진행 등 공사에 필요한 필수요건들을 진행했었다.

보통 공사가 한 번 끝나면 엄청난 폐기물이 나왔다. 대부분은 연관업체에 의뢰하지만, 마무리 과정에 나오는 폐기물이 또 있었다. 남편과 나는 매번 폐기물을 트럭에 실었다. 그렇게 해야 일이 마무리가 되었다. 나는 그게 죽기만큼 싫었다. 그래도 남편은 꿋꿋이 일했다. 나도 남편도 온몸이 먼지투성이인 채로 죽어라 일했다. 온통 먼지를 덮어쓴 남편은 트럭 한가득 폐기물 자루를 끝없이 실었고, 그 모습은 매번 가슴을 먹먹하게 했다. 나는 지금도 이때를 생각하면 눈물이 난다. 남편도 나도 서로를 불쌍하게 생각했다. 너무 가슴 아팠다. 그리고 정말 벗어나고 싶었다. 나는 주변의 편한 삶을 사는 여자들을 보며 부러워한 적도 많다. 내 삶은 이게 뭔가 싶어 울기도 많이 울었다. 나만 죽어라 고생하는 것 같았다.

우리는 고객과는 절대 언쟁하지 않았다. 남편과 나의 철칙이었다. 하지만 우리의 다짐과는 달리, 현장에는 예기치 못한 변수가 아주 많았다. 그래서 우리가 정말 싫어했던 다툼은 빈번하게 발생이 되었다. 대개 다툼은 고객이 아닌 주변 사람들과 많이 일어났다. 그중 경비실 아저씨와의 언쟁도 뺄 수 없는 숙제였다. 때로는 관리실 소장과도, 때로는 아파트 주민과도 언쟁하기 일쑤였다. 현장은 늘 돌발상황이었다. 그저 쉽게 넘어가면 도리어 불안할 정도였다.

폐기물을 싣다 보면 경비실 아저씨의 무시는 당연했다. 그게 나를 더 미치게 했다. 언성이 높아지는 건 필수였고, 굽실거리는 남편의 뒷모습을 보노라면 더 미칠 것 같았다. 어쩔 수 없는 상황이지만 울화가 치밀었다. 그런 상황을 벗어나 보려고 나는 발버둥쳤다. 꼭 벗어나리라 다짐하고 또 다짐했다. 우리나라에서는 노동하는 사람을 하대한다. 나는 그것을 현장에서 직접 체험한 사람이다. 그리고 그런 노동 현장에서 살아남기 위해 더 험한 사람이 되어야 했다. 나는 그 일을 15년 했다. 나의 미래가 보이지 않았다. 이런 삶이 계속될 수밖에 없는 현실에 점점 미칠 것 같았다. 나는 꼭 돈을 벌어서 고급아파트로 이사 가고 싶었다. 그래서 경비 아저씨에게 큰소리치고 멋지게 복수하고 싶었다. '나 이런 곳에 사는 사람이야!'라며 으스대고 싶었다. 그런 상황들이 나를 정말 유치하게 만들었다.

남편과 나는 이 일을 하면서 한 번도 마음 편하게 여행 간 적이 없다. 심지어 몇 시간의 짧은 모임도 우리에겐 사치였다. 일을 마치고 먼지투성인 채로 모임을 나갈 수는 없었다. 모임을 위해 단장한다는 자체가 번거로웠다. 그리고 모임을 가도 번갈아가야 했다. 즐거워야 할 모임이 부담스럽게 느껴졌다. 그리고 모임에 참석해서도 수시로 걸려오는 고객의 전화에 늘 가시방석이었다. 특히 가족들과의 여행이 있는 날이면 전쟁터 나가듯, 만반의 준비가 필요했다. 그렇게 준비를 했음에도 현장에서는 수시로 돌발상황이 일어났고 긴장의 연속이었다. 긴박한 현장 상황을 대처하다 보면 여행이 아니라 곤욕이 되어 있었다.

고객과 약속한 공사일정을 맞춘 다음 날 지방 모임이 있던 날이었다. 몇 달 전부터 약속된 것이었고 오랜만에 밤늦게까지 정말 즐거운 시간을 보내고 있었다. 그러나 고객의 전화 한 통으로 한순간에 긴급 상황이 되고 말았다. 우리가 공사한 집의 아래층 천장에서 물이 샌다는 것이었다. 전화를 받은 남편은 사정상 지방에 있으니 다음날 가겠다고 양해를 구했다. 잠시 후 아래층 사람으로부터 직접 전화가 왔다. 남편은 그분께 지방에 왔다고 사정을 했지만 아래층 사람은 막무가내였다. 그렇게 언성은 높아졌고, 험한 말이 오고 갔다. 급기야 우리는 모임을 포기하고 밤 10시에 현장으로 달려가야 했다. 그리고 전문 업자를 불러 밤새 원인을 찾았다. 현장 상황을 파악한 결과 우리의 잘못이 아니었다. 아래층 공사가 잘못된 것이었다. 우리는 아래층 사람과 몸싸움까지 해야 했다. 나는 그런 상황이 너무 싫었다. 그리고 아래층 사람이 미웠다. 나는 너무 너무 억울해 밤새도록 울었다. 이날은 아직도 기억에서 지워지지 않는다.

인테리어를 하는 동안 이런 일들은 비일비재했다. 정말 힘들었고, 많이 울었다. 나는 그런 현실이 너무 싫었고 벗어나고 싶었다. 나를 제외한 모두가 잘살고 있는데 나만 척박한 현실 속에 파묻혀 있는 듯했다. 내가 원하는 것은 결코 이런 것이 아니었는데 말이다. 좋은 고객도 많이 만나는 기회가 되기도 했지만 인테리어업을 계속하다가는 꿈이 없는 삶에서 영원히 벗어나지 못할 것 같았다.

현실은 냉혹했지만 나는 피하지 않았고 맞서서 당당히 싸웠다. 그리고 치열하게 살았다. 그런 괴로웠던 현실들은 나를 더 꿈꾸게 만들었다. 도리어 현실이 냉혹할수록 부자가 되고 싶은 꿈과 성공하고 말겠다는 다짐은 더 명확해져 갔다. 세상에 시련과 고통이 없는 달콤한 성공은 어디에도 존재하지 않았다.

나를 살린 문장들

『생각의 비밀』
김승호, 황금상자

"인간은 미래를 알 수 없지만 미래를 만들 수 있는 능력을 지니고 태어났다. 흥미로운 것은, 이를 믿는 사람에게는 그 능력이 주어지지만 이를 믿지 않는 이에게는 안 믿는 그대로를 믿게 한다는 점이다. 사과는 상자 안에 있다. 이를 있다고 믿고 열어보는 자는 사과를 갖게 된다. 없을 거라 생각하는 사람은 열어보는 행위조차 않을 것이기에 그의 생각대로 역시 없다."

– p.73

이 책은 나에게 미래를 바꿀 수 있는 능력이 있다는 믿음과 확신을 준 책이다.

3

내가 내린 결론은 독서였다

자신감을 잃으면 그 순간 온 세상이 적이 된다.

– 랄프 에머슨

다른 사람이 아니라 내가 문제였다

아침 6시 20분. 내겐 아주 이른 시간이다. 요즘엔 이 시간에 책을 읽는다. 앞으로 새벽 5시 기상을 목표로 하고 있다. 나의 최근 몇 년의 삶을 생각하면 있을 수 없는 일이다. 이제는 이런 일이 일상이 되었다. '하루도 책을 읽지 않으면 입에 가시가 돋는다.'라는 안중근 의사의 말에 전적으로 공감한다.

나는 최근 6, 7년 동안 게으른 삶을 살았다. 내가 무언가를 하기 위해, 새벽에 일어난 지가 언제였던가 싶다. 나는 6, 7년 전까지만 해도 인테리어업을 하며 새벽밥을 먹었다. 그때는 공사현장에 나가기 위해 새벽에 일어날 수밖에 없었다. 그러나 나는 지금 다시 새벽에 일어나기 시작했다. 인테리어업을 하던 때의 새벽 기상과 지금의 새벽 기상은 어떻게 달라졌을까? 첫 번째는 아침을 맞이하는 내 마음이 달라졌다. 두 번째는 나를 바라보는 자세가 달라졌다. 세 번째는 오롯이 나를 위한 책을 읽기 위해 새벽을 달린다.

달라진 내 모습은 한 권의 책으로부터 시작됐다.

나는 지금까지 한 친구와 함께 일을 했다. 30년 지기 친구라 서로를 너무 잘 알아 탈인 친구였다. 그 친구와는 몇년 동안 같이 지내며 하나부터 열까지 상의했다. 서로에 대한 신뢰도 대단했다. 둘이 성격은 완전히 반대였지만 취향이 같아 함께하는 것이 너무 재미있었다. 서로 배려하면서 잘 지내기도 했지만 일하는 스타일이 극과 극인 탓에 깊은 상처를 주기도 했다. 어느 날인가는 유독 의견대립이 심했다. 언성이 높아졌고 서로 상처를 주게 되었다.

문제는 서로 대립이 있을 때 어떻게 마무리를 해야 하느냐는 것이었다. 나는 자책하기 바빴다. 나는 주장이 강한 누군가가 윽박지르면 그 자리에서 한마디도 못하고 속으로만 끙끙 앓았다. 상대방의 의견을 반박하지도, 내 의견을 어필하지도 못했다. 그냥 그대로 수긍했고 의견이 맞지 않아도 '내가 참으면 되지' 하고 넘어갔다. 상대가 시키지도 않았지만 매번 참았다. 그러다 시간이 지나면 쌓였던 감정이 한꺼번에 터져버리곤 했다. 그럴 때면 나도 내가 감당이 되지 않았다. 사건이 터지고 난 뒤 나는 꼭 자책으로 뒷수습을 했다. '나는 바보 같애.', '모두 내 탓이야.', '다른 사람은 문제가 없는데 내가 문제야.'라고 나를 학대하기 일쑤였다. 나는 이런 사람이었다. 작고 소소한 일부터 모든 문제가 나타날 때마다 자책하고 스스로를 학대했다. 그리고 또 그렇게 반복되었다. 해결 방법을 찾지 못했던 나는 전혀 달라질 수 없었다.

공존이란 서로 도와서 함께 존재하는 것을 뜻한다. 그러나 지금껏 나는 공존하지 않았다. 서로 돕는 것에 익숙하지 못했기 때문이다. 나는 늘 상대와의 사이에서 나는 없고 상대만 있었다. 타인이 그러라고 한 것도 아닌데 나 혼자 그랬다.

곰곰이 생각해보면 나는, 타인과의 관계에서 나의 기분에 따라 작은 일도 굉장히 민감하게 반응했고 남들은 전혀 신경 쓰지 않는데 괜히 혼자 신경 썼다. 또 어떨 때는 나를 향한 질책이 아님에도 스스로 움츠러들었다. 그것뿐인가? 충분히 웃어넘길 수 있는 상황에도 화를 냈고, 혼자 위축되었다. 세일즈를 할 때도 그랬다. 당시에도 인간관계로 정말 죽을 만큼 힘들었다. 감정을 표현하지 못하고 꾹꾹 삭이느라 스트레스는 날로

커져 갔다. 그러면서도 도대체 원인이 뭔지, 왜 이런 일이 발생하는지조차 알려고 하지 않았다. 원초적인 문제는 영원히 해결될 수 없는 것 같았다.

나는 책을 통해 점점 나를 알아가고 있었다

그러던 어느 날 지인의 미용실에 갔다. 그날 나는 지인으로부터 책 한 권을 소개받았다. 『미움받을 용기』란 책이었다. 제목이 타인과의 관계에 필요한 책 같았다. 그는 그 책을 읽고 생각이 많이 바뀌었다고 했다. 나에게도 혹시 인간관계에서 힘들면 읽어보라고 했다. 안 그래도 관계에 대한 갈증이 있었던 나는 그 책을 바로 주문해 거침없이 읽었다. 읽어내려가는 동안 그동안의 궁금증이 풀리는 듯했다.

"인간은 과거의 원인에 영향을 받아 행동하는 것이 아니라 스스로 정한 목적을 향해 움직인다."

― 『미움받을 용기』, 고가 후미타케, 인플루엔셜

이 구절대로라면 내가 화를 내는 행동에도 목적이 있다는 것이었다. 돌이켜보면 나는 칭찬받는 것을 좋아했다. 매번 인정받고 싶어 했고 잘한다는 소리에 흥을 느꼈다. 있는 그대로의 나를 받아들이지 못하고 끝없이 완벽해지려고 애썼다. 내 행동의 목적은 인정받는 것이었다. 미움받고 싶지 않아 발버둥치는 나의 모습이 보였다. 그런 목적 때문에 나는 뜻대로 되지 않는 것에 화를 냈고, 스스로를 힘들게 했던 것이다.

나는 그 책을 읽고 난 후 다른 책을 더 읽고 싶다는 욕심이 생겼다. 구세주를 만난 듯 서점으로 미친 듯이 달려갔다. 그리고 나는 내 마음이 원하고, 나의 부족한 점을 채울 것 같은 책을 찾아 뒤졌다. 한창욱의『품격있는 대화』, 김윤나의『말그릇』, 김범준의『나는 매일 책을 읽기로 했다』. 그렇게 나는 3권의 책과 만나게 되었다. 책을 사서 집으로 오는 길이 천군만마를 얻은 것 같았다.

나는 왜 진작 책을 읽을 생각을 하지 못했을까? 먹고 사는 데 너무 바빴다. 그래서 잊고 있었다. 책을 접하는 순간 스스로에 대해 힘들어했던 지난 시간들이 너무 아깝게 느껴졌다. 나는 책을 꼭 안았다. 나를 알아갈 수 있다는 생각에 세상이 새롭게 느껴졌다. 문제의 답을 찾은 기쁨에 가슴이 설레기도 했다. 뿌듯했다.

'아! 내가 그랬구나. 나는 칭찬에서 벗어나는 것이 두려웠구나. 사람들에게 인정받고 싶어 했구나.'

그렇게 나를 이해하고 토닥여주었다.

나는 책을 통해 나의 문제점과 해결책 모두를 찾을 수 있었다. 나의 잘못된 생각과 감정을 정리하는 계기도 되었다. 책은 칭찬만 좋아했던 내게 미움받을 용기를 주었고 나를 개선해나갈 기회를 주었다. 지나간 시간은 되돌릴 수 없지만, 더는 인간관계에서 마음 아파하지 않아도 되었다. 내 문제는 결국 책 속에 정답이 있었다.

나를 살린 문장들

『아주 작은 습관의 힘』
제임스 클리어, 비즈니스북스

"정체성 변화는 습관 변화의 길잡이다. 이 책은 당신 자신, 가족, 집단, 회사에서 더 나은 습관을 세우는 방법을 단계별로 설명하고 상기시킨 것이다. 자기를 사랑하는 법을 배우기 위해서는 자기의 결점에 대한 관용심을 기르지 않으면 안 된다. 그렇다고 자기 인생의 기준을 낮춘다든가, 최선의 노력을 게을리해도 좋다는 말은 아니다. 단지, 우리들 자신을 포함하여 누구든 100% 훌륭할 수는 없다는 점을 이해하자는 것이다. 물론 타인에게도 100% 완벽한 인격을 기대하지 말아야 한다. 또한 자기에게 그것을 기대함도 매우 부당한 일이다."

– p.65

4

책이 시키는 대로 살아보기로 했다

그 사람의 인격은 그가 읽은 책으로 알 수 있다.

– 새무얼 스마일즈

내가 힘든 이유는 나 때문이었다

2005년 야간대학교에 다니며 알게 된 A언니가 있었다. 언니는 나보다 먼저 인테리어업을 하고 있었다. 내가 다닌 학교는, 야간인 데다 실내디자인학과여서, 현업에 종사하는 CEO가 대부분이었다. 학교 동기인 언니 사무실로 자주 놀러 가게 되면서, 언니가 주최하는 모임을 같이 하게 되었고 그곳에서 알게 된 B 언니를 통해, 또 다른 사회모임을 참여하게되었다. 사회에서 좋은 사람들과 함께하는 CEO 공동체 모임이었다. 사회모임은 처음이어서 설렘 반 두려움 반으로 모임을 나갔다. 나는 그렇게 사회란 곳을 알아갔다. 첫 6개월 과정은 초대 회장단의 봉사 덕분에 잘 끝낼 수 있었다. 모임에서 나는 적극적이고 외향적 성향 덕분에, 다들 좋게 봐주셨다. 그런 때문인지 이듬해 신입회장단에서 총무를 맡게 되었다. 나는 새로 취임한 회장단 덕분에 나의 임무를 잘 수행할 수 있었다.

어느 곳이나 마찬가지로 사회 모임은 모임 고유의 색깔이 있다. 내가 하는 모임은 가족 같은 모임이다. 나는 2008년에 총무를 하면서부터 오라버니, 언니들과 한결 가까워졌다. 지금도 그들은 나를 무척 아껴주신다. 그래서 늘 감사하다. 이 모임은, 나보다 최소 3년에서 최고 10년 이상의 인생 선배들이 주를 이룬다. 내가 총무를 맡았을 당시, 모임이 와해될 뻔한 위기가 있었다. 나는 총무로서 위기를 극복하고자 최선을 다했다. 나는 내가 어떻게든 희생하면 모임이 지켜질 것 같았다. 그리고 모임이 와해되지 않기를 진심으로 원했다. 내가 좋아하는 것을 지키기 위한 몸부림이기도 했다. 더군다나 나로 인해 모임이 지켜졌다는 칭찬을 받고 싶은 욕심도 있었다. 어찌됐건 결론은 회장님, 사무처장님의 현명한 대처와 나의 희생 덕분에 지금도 함께하는 기회가 되었다. 그렇게 모임은 잘되었고 인정은 받았지만, 그 당시 나는 나의 욕심으로 인해, 감당하기 버거울 만큼 힘들었던 기억이 머릿속에 고스란히 남아 있다.

기시미 이치로의 저서 『미움받을 용기』에서 칭찬받고 싶어 하는 나를 발견했다.

"어떻게 해야 원만한 인간관계를 맺을 수 있는지 알지 못하면 타인의 기대를 만족시키며 살게 되거나, 타인에게 상처 주지 않으려고 하고 싶은 말이 있어도 하지 못하고, 하고 싶은 것을 단념하는 일이 벌어지게 됩니다. 그런 사람은 아마도 주변 사람들 사이에 인기가 많고, 그를 싫어하는 사람이 적을 겁니다. 대신에 자신의 인생을 살지 못하게 될지도 모릅니다."

나는 사회모임에서나 주변 사람들로부터 충분히 인정받고 있었고, 인기도 많았다. 타인의 기대에도 어긋나지 않게 부응하고 있었다. 나는 인정받으려는 욕구가 무척 강했다. 주변의 기대에 맞추려니 내가 힘들고, 내 마음 내키는 대로 하자니 사람들에게 인정받지 못할까봐 두려웠다. 그 때문에 나는 늘 긴장 속에서 살았다. 모든 사람은 물론 자신에게도 100% 만족해야 했고 그것이 욕심을 불렀다. 나는 인정의 욕구로부터 쉽사리 벗어나지 못했다. 인정은 더 나은 인정을 요구했고, 욕심은 더 많은 욕심을 불렀다. 그렇게 모든 사람과 비교 대상이 되면서 나는 늘 괴로웠다. 그 괴로움이 싫으면서도, 쉽게 벗어나지 못했다.

나는 늘 다른 사람을 신경 썼다. 그러나 상대의 눈치를 보는 나와는 달리 상대는 자신의 말을 잘 쏟아내었다. 그러면 나는 상대의 말에 상처를 받았다. 그렇게 언젠가부터 그런 것들에 의해 옥죄어 옴을 당하며 살았다. 나는 내가 원하는 대로 내 인생을 살고 있지 않았다.

나를 도와줄 누군가가 필요했다

대화법을 몰랐던 지난날, 나는 나만 상처를 받았다고 생각했다. 그러나 한창욱의 저서 『품격 있는 대화』를 읽으며 나도 누군가에게 상처를 주었겠다는 생각이 들었다. 나만 받았던 일방적인 상처가 아닌 상대에게도 상처를 준 내가 거기에 있었다. 그렇게 자신을 철저하게 오해하고 있는 나에게 책은 조곤조곤 설명해주었다. 『품격 있는 대화』에서 그동안 잘못 생각하고 흔들렸던 나의 가치관을 확고히 정립할 수 있었고, 김윤나의 『말 그릇』에서는 나의 말 그릇의 크기를 알게 되었다. 내면의 깊이가 얕았던 나는 차츰 나의 장단점을 알게 되었고, 점점 자신감도 생겨났다. 대화의 요령을 알고부터 책에서 배운 대로 남편에게 말 연습을 하기도 했다. 그렇게 나는 나의 말 그릇을 키우기 위해 노력했다. 남편은 평소 늘 나의 얘기를 듣는 쪽이었다. 그런 남편의 얘기를 나도 듣기 시작했다. 나는 책에 나온 내용을 토대로 실행에 옮기기 시작했다. 처음부터 무리하게 바꾸려고 하지 않았다. 조금씩 실행에 옮긴다는 자체로 만족했다.

김범준의 『나는 매일 책을 읽기로 했다』에는 내가 책을 읽고 싶었던 이유가 그대로 적혀 있었다.

"한 번뿐인 인생을 잘 살아내기 위해서 나를 도와줄 누군가가 필요했다. 내가 선택한 그 누군가는 친구나 부모님, 혹은 직장상사가 아니었다.

바로 내가 읽은 책들이었다."

　내가 누군가의 도움이 절실했을 때, 내 주변의 도움은 순간의 공감에 지나지 않았다. 저자의 말처럼 책은 절실한 나에게 잘잘못을 스스로 깨우치게 해주었다. 책에서 말하는 것처럼 지금의 내 모습은 나의 잠재의식 속에 내가 명령한 대로였다. 그 외에도 나는 많은 책에서 과거 무심코 했던 나의 행동이 현재의 나의 모습임을 확인했다. 한 권, 한 권의 책을 접할 때마다 잘못 각인된 나의 모습이 보였다. 남이 주도하는 삶에 익숙해져 진짜 모습을 볼 수 없었던 내가 점점 자신을 찾아가고 있었다.

　그러던 중 운명의 책을 만나게 되었다. 사이토 다카시의『독서는 절대 나를 배신하지 않는다』였다. 그 책은 1초도 안 되어 내 마음에 꽂혔다. 책을 바로 주문해 단숨에 읽었다. 이 책은 역시나 그동안 막혀 있던 내 가슴을 뻥 뚫어주었다. 책은 진짜 나를 배신하지 않았다. 나의 내면을 용기와 자신감으로 채워주었다. 가슴이 벅찼다. 나는 남편에게 이 책을 읽도록 권유하며 사람은 왜 책을 읽어야 하는지 책이 우리에게 어떤 것을 남기는지 조목조목 설명했다. 그리고 우리가 인테리어업을 하면서 힘들었던 이유를 책을 읽으며 알게 되었다고 이야기했다. 평소 책과 거리가 먼 남편은 반신반의했다. 하지만 좋아 날뛰는 나를 보며 궁금했던지 책을 읽어보겠다고 했다.

나는 모든 것들이 이유가 되면서 책을 읽게 되었다. 나는 가만히 앉아 지혜로운 세상 사람들과 만날 수 있었다. 시작은 나를 찾는 여정이었지만, 한 권, 한 권의 책에서 저자의 생각을 만날 수 있었다. 그런 깊이 있는 글들은 나의 영혼까지도 맑게 했다. 그렇게 읽은 책은, 나를 지켜주는 수호신 같았다. 책은 모두에게 인정받고자 하는 나의 마음과 욕심도 내려놓게 했다. 그리고 책을 통해 진정 내가 원했던 핵심을 알 수 있었다. 그것은 내가 힘들었던 이유가 다른 사람이 아닌 나 자신 때문이었다는 것이었다.

나를 살린 문장들

『일독일행독서법』
유근용, 북로그 컴퍼니

"책 한 권에서 시련과 고통, 역경 및 좌절을 극복할 수 있는 노하우를 얻을 수 있고, 순수한 감동을 받을 수 있으며, 때로는 강한 정신력을 훈련할 수 있다. 그리고 인생을 변화시킬 수 있다. 나 또한 책이 없었다면 여전히 암울하고 어두운 세상에서 허우적대고 있었을 것이다. 나는 책을 통해 지켜야 할 도리가 무엇인지를 배웠고, 성공하는 삶을 위해 어떤 습관을 가져야 하는지 배웠다."

– p.61

이 구절은 누구든지 바뀔 수 있다는 희망을 주었다.

『알면서도 알지 못하는 것들』

김승호, 스노우폭스북스

"부는 간혹 몰려다니는 버릇이 있어

누군가에게 품에 안길 때가 있다.

그런데 그것을 안은 사람이 부를 어떻게 대하느냐에 따라

그 품에 계속 있을 수도, 곧바로 떠날 수도 있다.

부는 중력처럼 커질수록 모이는 속성도 있고,

옳은 가치 외엔 자신보다 가치 있는 꼴을

보지 않으려 하는 속성도 있다.

거만한 꼴을 보지 못하며,

푼돈을 우습게 대하면 목돈을 데리고 나가고,

사치와 폼재는 데 자신을 사용하면

한날 아침에 집을 나가버린다."

— 62쪽

이 책은 내가 제일 아끼는 책이다. 김승호 회장의 동영상을 계기로 이 책을 접하게 되었다.

김승호 회장의 〈돈의 속성〉 동영상을 통해, 돈은 중력이 있어 많이 모인

곳으로 더 끌어당긴다는 핵심을 짚어준 책이다. 돈에 대한 내 생각을 뒤집고, 돈을 대하는 나의 태도를 반성하게 하는 책이었다. 결국은 사람처럼 돈 또한 내가 대하는 데로 나를 대한 다는 진리를 깨달았다. 현재 김승호 회장은 사장을 가르치는 사장의 멘토로 유명하다. 부를 얻고자 하는 사람과 돈의 기본속성을 이해해야 하고자 하는 사람에게 권하고 싶다.

굳이 사업가가 아니어도 읽으면 정말 많은 도움이 된다.

5

꿈도 희망도 내 안에 있었다

당신의 꿈을 이루는 것을 막는 사람은 당신 자신밖에 없다.

– 톰브래들리

꿈을 이룰 수 있는 희망을 발견했다

나는 나를 오뚝이라고 생각한다. 때론 잡초라 생각하기도 한다. 시련
이 닥쳐도 벌떡 일어났고 시련보다 더한 태풍 같은 고통이 휘몰아쳐도
또 일어났다. 나는 약하지만 참 단단했다. 나는 내 꿈이었던 부자가 되기
위해 몇 번이고 넘어져도 훌훌 털고 일어났다. 그렇게 나는 수십 년 동안
꿈을 쫓아 여기까지 왔다. 하지만 내 꿈은 결코 밖에 있지 않았다.

나는 갇히는 걸 아주 싫어한다. 그리고 돌아다니는 것을 무척 좋아한
다. 그래서 여행을 좋아하는 것 같다. 30대 시절, 나는 돈을 많이 벌고 싶
어서 온갖 부업을 다 해봤다. 그러나 그것은 푼돈밖에 되지 않았다.

그러던 어느 날 친구로부터 H사 세일즈 사업을 들었다. 그래서 친구와 함께 그 설명회를 갔다. 내게 그 세상은 엄청난 신기루였다. 그리고 하늘이 내려준 기회라고 생각했다. 내 생애 첫 세일즈 사업은 그렇게 시작되었다. 일을 시작하고 얼마 되지 않아 해외 세미나가 있었다. 일본이었다. 나는 남편에게 세미나에 참석하고 싶다고 말했다. 그랬더니 남편은 고맙게도 허락해주었다. 이것이 나의 첫 해외여행이었다. 남편은 회사에 3박 4일의 휴가를 내고 아이들을 돌봐주었다. 덕분에 안심하고 세미나에 참석할 수 있었다. 나는 비즈니스 파트너들과 3박 4일을 함께했다. 세미나에 함께 참석한 사람들은 모두 사업에 대한 비전을 느꼈다. 그렇게 광란의 3박 4일을 보냈다. 나는 열정이 끓어서 폭발할 것 같았다. 한국에 돌아와 세미나에서 들었던 사업 비전을 남편에게 전달했다. 그랬더니 남편도 기뻐했다. 그 일이 잘 된다면 남편도 힘든 회사생활의 부담을 덜 수 있었고, 미래에 대한 희망이 생겨서이기도 했다.

나는 열정이 많다. 그리고 무엇이든 부딪치고 보는 성격이다. 그래서 주변 사람들이 나 때문에 힘들어한 적이 많다. 나는 일단 일부터 저지르고 뒷수습을 했다. 세일즈 사업도 마찬가지였다. 그놈의 열정이 문제였다. 일을 너무 열정적으로 하다 보니, 정작 신경 써야 할 가정에 소홀할 수밖에 없었다. 남편은 그것이 못마땅했고, 남편과 나는 서로의 입장을 내세우기 바빴다. 그렇게 매번 옥신각신했지만, 합의점은 없었다. 화가 난 남편은, 일을 하려면 이혼하고 하라는 엄포를 놓았다. 그렇게 잘해 보려고 했던 일이 가정에 불화를 일으켰다. 그런 상황에서 더는 사업을 유지할 수가 없었다. 나는 H사 세일즈 사업을 6개월밖에 하지 못해 너무 아쉬웠지만, 그 사업으로 인해 꿈을 이룰 수 있는 희망을 발견했다.

나는 참 수많은 직업에 도전했다. 가장 기억에 남는 직업은 인테리어 업이다. 가장 좋아했고 가장 힘들었던 직업이다. 나의 넘치는 열정을 전부 소진시킨 직업이기도 하다. 건강상의 문제로 접어야 했지만 15년 동안 잘해낸 사업이다. 건강에 이상이 있었음에도 내가 당시 지금까지 건강한 것은 모두 오빠 덕분이다. 오빠가 갑작스럽게 담관암 선고를 받았고, 오빠의 암 진단 결과 때문에 남편과 나도 건강검진을 받았다. 덕분에 암을 조기에 발견할 수 있었다.

수술하고 치료받으면 괜찮을 것이라 대수롭지 않게 생각했는데 수술 전날 다른 곳에 전이된 사실을 알게 되었다. 쉽게 생각했던 수술은 결국 날짜와 시간을 모두 변경해야 했고 8시간이나 걸려서야 끝났다. 힘든 수술이었다. 이후 꾸준히 방사선치료를 받았고 차츰차츰 회복되어 갔다.

꿈은 내 마음 그 속에서 피어난다

나는 수술을 받은 후 1년간 쉬었다. 인테리어업으로 지친 몸을 달래기도 하고 몸도 회복하기 위해서였다. 그때의 휴식은 나의 지나온 삶을 되돌아보는 시간이 되었다. 그리고 자신을 혹사한 반성의 시간이기도 했다. 수많은 생각들은 진정 내가 원하는 것이 무엇인지 헷갈리게 했다. 부자가 되고 싶은 마음이 나를 쉬지 못하게 했고, 잠시의 틈도 주지 않았던 나라는 경주마는 지칠 대로 지쳐 있었다. 나의 기대와는 달리, 그토록 찾고 헤맸던 부자의 꿈은 어디에도 없었다. 나는 그렇게 열심히 살았지만 내가 원하는 대로 되지 못했다.

　그렇게 1년을 쉬고 나서 나는 인테리어업을 그만두었다. 다른 직업을 선택해야 했다. 나는 살아오는 동안 누가 시키지 않았는데도 늘 자신을 혹사했다. 부자가 되고 싶다는 꿈 때문이었다. 그러는 동안 나는 발견하지 못한 것이 있었다. 그것은 바로 나 자신이었다. 부자가 되고 싶다는 꿈에 눈이 멀어 세상에서 제일 중요한 나의 존재를 잊고 있었다. 마음속에도 없었던 빈껍데기의 나. 52년 동안 나는 나 없는 허상의 육체로 꿈을 좇고 있었던 것이다.

　나는 병을 얻고 난 후에야 나라는 존재를 찾는 것이 먼저라는 것을 깨닫기 시작했다. 꿈은 그 다음 문제였다. 내가 부자가 되고 싶은 꿈을 찾고 헤매는 동안 나의 자아는 버려져 있었다. 버려져 있었던 나의 자아는 상처투성이였다. 할퀴고 짓밟히고 뜯겨진 채, 소리 없이 조용히 내가 찾아줄 때까지 그렇게 숨어 있었다. 나를 기다리느라 너무 지쳐 체념하고 있었다. 그제야 나는 나의 자아를 발견할 수 있었다. 나와의 만남은 그렇게 시작되었다.

나의 육신과 마음이 만신창이가 되어있을 때, 나를 건져올린 건 책이었다. 책은 숨을 쉬고 싶어 하는 나에게 산소호흡기를 달아주었다. 그렇게 책을 통해 나와 대면한 날, 한없는 기쁨의 눈물이 흘러 내렸다. 책은 진정한 내 편이었다. 외로웠던 나의 자아를 발견하게 해준 책. 책은 나의 꿈에 한 발 더 가까이 갈 수 있는 희망을 안겨주었다.

나를 살린 문장들

『드림온』
김미경, 쌤앤 파커스

"꿈도 마찬가지다. 우리의 몸이 제각각인 것처럼 꿈을 만드는 각자의 재료 역시 천차만별이다. 자라온 환경, 성격, 기질, 재능, 경험, 가치관 등 수많은 변수들이 조합되어 하나의 꿈이 만들어진다. 성공한 사람들의 꿈은 가장 그다운, 또한 그에게 최적화된 꿈이다. 때문에 이 세상에 같은 꿈은 없다."

– p.55

나다움이 없는 꿈은 허상임을 알게 해준 책이다. 진정 내가 원하는 것이 무엇인지 알게 해주었다.

6

나는 서서히 다른 사람이 되었다

머리에서 발끝까지 당신을 빛나 보이게 하는 것은 바로 자신감이다.

– 카네기

나는 우리 아이들을 통해 어른이 되어 갔다

얼마 전 취준생들을 울린 뉴스를 소개한다.

"바늘구멍을 통과하기만큼 어렵다고 불리는 '취업 성공'을 위해 청춘들은 젊음을 바친다. 그렇게 치열한 서류 경쟁을 뚫고 드디어 얻게 된 면접의 기회. 한 단계만 더 나아가면 '합격'에 가까워질 것이라는 희망이 '기업의 실수'로 인해 한순간에 물거품이 됐다. '합격'을 통보하는 과정에서 생긴 실수로 취준생에게 '좌절'을 안긴 대기업 세 군데를 소개한다."

– "'합격' 통보했다 돌연 '불합격'으로 통보해 취준생 좌절시킨 기업3", 〈인사이트〉, 2019.04.11.

이 기사는 남의 일이 아니었다. 우리 아들 또한 지금 취업준비를 하고 있다. 정말 "바늘구멍을 통과하는 것만큼 힘든 게 '취업 성공'"이다. 남편과 나는 아이의 미래에 대한 견해가 달랐다. 나는 아이들에게 자신이 원하는 일을 하라고 했고, 남편은 무조건 취업을 하라고 했다. 서로의 다른 의견은 시종일관 변함이 없었다. 남편은 자식만큼은 안정된 직장을 원했다. 지금도 그 지론은 변하지 않는다. 왜냐하면 우리가 힘든 노동으로 살아왔기에 자식만큼은 안정된 직장에서 편하게 살기를 원했기 때문이다. 나도 그 부분은 충분히 이해가 갔다. 하지만, 그렇다고 해서 본인이 원하는 일을 말릴 만한 명분은 없다고 생각했다.

이렇듯 부모의 다른 견해 때문에 아들은 방황해야 했다. 아들이 대학교를 갈 때였다. 아들은 요리를 좋아해 외식사업을 선택하려고 했다. 그러나 남편의 반대로 그 길을 선택하지 못했다. 그래서 다른 진로를 선택해야 했다. 지금의 내 마음 같았으면 아들 뜻에 적극적으로 찬성했겠지만 그렇게 하지 못했다. 그때는 아들을 뒷받침해줄 수 있는 환경이 안 되었기 때문이다. 그렇게 아들은 차선책으로 건축과를 지원했다. 그 의견은 가족 모두 찬성했다. 우리가 인테리어업을 하고 있었기에 부모가 함께한다면 괜찮다고 판단했다. 아들은 입학하고 1년이 지나 군대에 지원했고, 시간이 흘러 군대를 제대할 무렵이었다. 갑작스러운 나의 건강상 문제로 인테리어업을 접어야 했다.

그러면서 아들의 진로에 혼선이 오고 말았다. 혼란을 겪는 아들에게 정말 미안했다. 오롯이 자신의 선택이 아니었기에 더 할 말이 없었다. 이유야 어찌됐건 아들은 대학을 졸업했고, 혼란 속에서도 미래를 선택해야 했다. 아들은 생각 끝에 하고 싶은 게 있다고 했다. 딱 1년만 유튜버를 해보고 그것 또한 답이 없으면 취업준비를 한다는 것이었다. 그래서 그것만큼은 아들이 원하는 대로 해주고 싶었다. 하지만 물심양면 지지해주고 싶은 마음과는 달리 또 부모에 의해 잘되지 않았다. 아들은 약속했던 1년을 채우지 못하고, 취업을 선택해야 했다. 부모로서 매번 우리의 희생양이 된 것 같아 아들에게 정말 미안했다.

그렇게 아들은 뉴스에 나오는 취준생이 되었다. 몇 번의 시험에 고배를 마시며 아직도 고군분투하고 있다. 나는 아들에게 한 가지 당부를 했다. 지금은 취업준비를 하지만, 자신의 꿈은 꼭 잊지 말라고. 그랬더니 아들이 나에게 일침을 쏘았다. 엄마의 말은 어불성설이란다. 하고 싶은 일을 하라고 하면서 하려고 하면 못하게 한다. 그랬다. 아들 말이 맞았다. 그 말이 꼭 맞아서 할 말이 없었다. 엄마인 내가 우왕좌왕했으니 아들은 오죽했겠는가. 아들은 부모의 의견을 따른 죄밖에 없었는데 말이다. 현재 아들은 취업에 대한 본인의 선택에 만족해한다. 하지만 나는 미안함을 가슴에 안고 산다. 나는 우리 아이들을 통해 어른이 되는 과정을 겪고 있었다.

흔들리는 나를 잡아준 책

부모의 교육관은 아이의 미래를 상당 부분 결정한다. 나는 아이들이 어릴 때 잠자기 전 꼭 책을 읽어주었다. 나는 아이들에게 보육교사과정을 통해 배웠던 동화구연을 뽐내기도 했다. 그렇게 아이들은 내가 읽어주는 책 속에서 잠이 들곤 했다. 나는 밤마다 아이들에게 책을 읽어주면서도, 정작 나를 위한 책은 읽지 않았다. 그때 내가 나를 위한 책을 읽었더라면, 우리 아이들에게 어떠한 영향을 미쳤을까? 생각만 해도 참 후회가 되었다.

나는 주관이 뚜렷하지 못했다. 아이들을 교육하는 과정에서 흔들리는 갈대였다. 엄마가 처음이라는 것이 갈대에 대한 변명이라면 변명일 수 있겠다. 그러나 이제 보니 나만의 삶의 기준이 없었다는 결론에 도달했다. 내 마음조차 잘 모르는 나는 상황에 따라 수시로 마음이 변할 수밖에 없었다. 그런 변덕스러운 나 때문에 피해를 보는 사람은 언제나 아이들이었다. 모든 면에서 나는 이성적이기보다 감성적으로 결정했고, 결정하고도 잘했는지 못했는지 판단이 서질 않았다. 그런 일들이 아이들을 더 혼란스럽게 만들었다.

감정에 서툰 데다 화를 잘 내는 나는 수시로 마음이 흔들렸고, 그런 나의 감정은 아이들에게 고스란히 전해졌다. 때로는 불같이 화를 내고, 때로는 한없이 다정한 엄마였다. 이랬다저랬다 주관도 없었고 주변의 소리에도 예민하게 반응했다. 남이 무심코 하는 말조차 나를 향해 지적하는 소리로 들렸다. 심한 자책도 서슴지 않았다. 내 마음이 내 것이 아니었다. 도대체 다스릴 수가 없었다.

그랬던 지난날의 내 모습은 책을 통해 참 많이 변했다. 놀라웠다. 갈대 같았던 나의 마음과 타인을 의식하는 것 또한 나에게 문제가 있기 때문이라는 것을 깨닫게 되었다. 남의 눈치만 보던 내가 오롯이 나를 위한 투자에 시간을 쓰게 되었다. '죽겠다. 힘들다. 미치겠다'는 단어를 썼던 예전의 내 모습은 사라지고 잘할 수 있다는 긍정의 단어만 떠올리며 스스로에게 용기를 주고 있다. 모든 것은 책을 읽고 쓰고부터 찾아온 변화였다. 오늘도 집과 사무실 그리고 차에 꽂혀 있는 책들을 보면서 자식 같은 뿌듯함을 느낀다.

얼마 전 나와 우리 아들의 대화 내용이다.

"엄마, 나 혹시 취업준비를 하다가 안 되면 엄마 하는 일 돕는 건 어때?"
"아들, 취업준비 힘들구나."
"아니, 견딜 만한데 올해까지는 해볼 거야. 그래도 혹시 안 되면 말이야."

"아들아, 그러지 말고 책을 읽어보자. 책을 읽으면 세상 보는 눈이 달라져. 너의 꿈을 확실히 찾게 될 거야. 그리고 네가 정말 뭘 하고 싶은지 알게 돼."

아들은 거기에 냉랭하게 대답했다.

"엄마가 억지로 읽으라면 읽겠지만 지금은 읽기 싫어."

이미 아이들은 자라서 성인이 되었다. 뚜렷한 삶의 기준 없이 아이들을 키우다 보니 지금은 미안한 마음이 더 크지만, 그래도 나는 아이들에게 무엇이든 도전해보라고 말한다. 아들이 원하는 것을 들어주지 못한 미안한 마음도 있고, 이제는 응원할 마음의 여유도 생겨서이다. 나는 우리 아이들이 자신감으로 똘똘 뭉친 도전하는 젊은이가 되었으면 한다. 그것 또한 본인들의 선택이지만, 어떠한 선택을 하든 나는 그 선택을 응원할 것이다.

'꿈은 이루어진다.'

나는 이 말에 동의한다. 지금 경험하고 있기 때문이다. 책은 나의 마음을 잡아준 지지대 역할을 했다. 책은 나를 당당하고 떳떳하게 만들었고,

나의 존재를 확인시켜주었다. 나는 확신한다. 우리 아이들도 나처럼 책을 통해 멋진 꿈을 꾸게 될 것이고, 멋진 대한민국 청년으로 거듭날 것을 믿어 의심치 않는다. 나는 독서를 통해 이 세상 어떤 누구보다도 가족들에게 존경받는 사람으로 다시 태어나고 있다.

나를 살린 문장들

『보물지도』

모츠즈키 도시타카, 나라원

"무슨 목표가 됐든 바로 시작하는 것만큼 중요한 건 없습니다. 아무리 중요한 일이라도, 아무리 감동한 일이라도 시간이 지나면 처음 가졌던 열정은 점점 무뎌지고 동기의식도 흐려지기 마련입니다."

– p.60

주변의 소리에 흔들렸던 내가 나를 알게 되고, 나의 꿈을 실천할 수 있도록 행동하게 만들어준 책이다.

7

내가 바라는 것이 모두 책에 있었다

독서할 때 당신은 항상 가장 좋은 친구와 함께 있다.

– 시드니 스미스

나만 피해자라는 착각 속에 살았다

칼에 손가락을 베이면 몹시 아프다. 베인 상처는 연고를 바르면 낫는다. 그리고 상처는 쓰라린 아픔만 지나고 나면 괜찮다. 피부는 재생되기 마련이니까. 하지만 흉터는 남는다. 그 흉터를 보는 내내 베인 순간의 아픔을 되새기게 된다. 그리고 그 기억은 평생을 간다. 흉터가 없어지지 않는 한 말이다.

말에 베인 상처는 손을 벤 상처보다 더 아프다. 말에 베인 상처는 보이지는 않지만 우리의 마음과 머릿속에 크게 자리잡는다. 그리고 끊임없이 기억하며 자신을 아프게 한다. 사람들이 무심코 던진 말에 누군가는 상처를 받기도 한다. 상처가 만든 파장은 쉽사리 잦아들지 않는다. 안타까운 것은, 말 때문에 상처 주고 말 때문에 상처받으면서도 치료하지 않는다는 것이다. 말로 받은 상처에는 아무도 약을 발라주지 않는다. 나도 상처에 대한 약으로 자책을 선택했다. 나는 그동안 상처를 잘 받는다는 명분으로 내가 상처를 준 것은 기억조차 하지 못했다. 내 기억조차도 없는 말을 누군가는 오래 기억하며 아파했을 것이다.

투자사업을 같이한 C 언니가 있다. 언니는 자신의 사업으로 인해 엄청 바쁜 사람이었다. 언니는 시간이 많이 없어서 본인의 투자 건을 나에게 맡기고 있었다. 처음 몇 번은 아무런 문제가 없었다. 그런데 계속 지속되면서 문제가 발생하고 말았다. 내 생각에는 언니가 조금만 관심을 가지면 충분히 할 수 있을 것 같았다. 그래서 몇 번을 본인이 직접 할 것을 권했다. 그러나 내가 대신 해주던 것이 익숙해진 언니는 본인이 못한다고 했다. 그런 시간이 흐르던 어느 날, 나는 다른 일로 스트레스를 받고 있던 차였다. 때마침 언니가 전화를 했고, 나는 엉뚱하게 언니와 부딪히고 말았다. 그러면서 언니에게 하지 말아야 할 말을 나도 모르게 내뱉었다. 순간 정적이 흘렀다. 그러나 이미 물은 엎질러진 상태였다. 나와 언니는 좋지 않은 감정으로 대화를 끝내고 말았다. 지금 생각하면 언니에게 정말 미안하다. 원인이야 어찌됐든 그렇게 했으면 안 되었다. 그런 일이 있고, 언니와 나는 지금도 연락을 하지 않는다.

누군가가 나에게 이렇게 말했다.

"혼자만 상처받는다고 착각하고 사는 거 아니에요?"

순간 필사적으로 아니라며 손사래를 쳤지만 나는 그 말에 분명 흠칫했
다. 투자사업을 같이 한 C 언니에게 순간의 화를 못 이겨 상처를 준 일이
그랬기 때문이다. 언니는 내가 한 말로 분명히 상처를 받았을 것이다. 백
번 언니의 입장에서 생각해보면 그랬다.

지난 일을 돌이켜보면 거절을 못 하는 내 성향 때문에 업무가 점점 많
아져 스트레스를 받으면서도 사람들에게 괜찮다고 했다. 알아줄 거라고
생각했다. 나는 착하고 배려도 잘하니까 뭔가 잘못되어도 무조건 내가
피해자라고 생각했다. 반대로 타인은 늘 가해자가 되었다. 잘잘못을 놓
고 보면 엄연히 다른데 말이다. 참 잘못된 생각을 하고 있었다. 내가 힘
들면 거절하면 될 것을 나는 그걸 하지 못했다. 그러면서 힘들어 하고 다
른 사람을 나쁜 사람으로 만들어 버렸다.

내 인생의 변화는 상처받은 나를 치유하고 싶은 마음에서 출발했다
나는 상대방에 대한 배려가 지나칠 만큼 크다고 생각했다. 그리고 다
른 사람들에게 참 잘한다고 생각했다. 그런데 내가 착각하고 있다는 것

을 알게 된 일이 있었다. 한때 공장에서 잠시 같이 일한 B가 있었다. B는 내가 너무 열심히 일하니까 처음에는 잘한다며 대단하다고 했다. 시간이 지나자 퇴근 시간도 따로 없이 일하는 날이 많아졌다. 그러자 B는 그렇게 일만 하는 나 때문에 스트레스를 받기 시작했다. 나에게 일중독자 같다고 했다. 덧붙여 퇴근 시간을 지켜주면 좋겠다고 했다. B의 말에 전적으로 동의했다. 퇴근 시간은 지켜져야 한다. 그렇지만 경우에 따라 달라지기도 한다. 변명하자면 그때는 그럴 상황이 아니었다. 그 후로 B와는 일 스타일이 맞지 않아 같이 일하진 못했지만, B의 그 말은 나의 정곡을 찌르는 한마디였다.

나는 일에 미쳐 있는 일중독자였다. 당신도 나처럼 일해야 한다는 무언의 강요를 했던 것 같다. 나는 그 사실도 모른 채 상대방이 잘못되었다고 생각했다. 나 자신을 알게 된 지금이었다면 상대를 충분히 이해했을 것이다. 그만큼 나는 스스로의 착각 속에 빠져 있었다. 나의 이런 착각을 깨줄 수 있는 사람은 아무도 없었다. 있었다고 한들 들으려고도 하지 않았을 것 같다.

나의 착각을 깨닫게 되는 데는 C 언니와의 일이 시초가 되었지만, 그러고도 나는 착각의 늪에서 바로 빠져 나오지 못했다. 내가 잘못됐다고 생각하지 않았기 때문이었다. 그러다가 한참을 지나고, 친구와의 다툼으로 비로소 나를 바꿀 수 있는 계기를 얻었다. 친구는 나를 가장 가까이에서 봐주었고, 가장 직설적으로 말해주었다. 친구와 다툰 일과 주변 사람들과의 관계가 없었다면, 지금도 나는 착각 속에서 살았을 것 같다. 책을 접할 생각도 하지 않았을 것이다. 나는 그 당시의 상황으로 보아 동기부여가 필요했던 것 같다. 지금 생각해보면, 나는 주변 사람들 덕분에 지금까지 성장할 수 있었다고 할 수 있다.

내가 처음 책을 접하게 된 때는 세일즈 사업을 할 때였다. 그때 독서 모임을 하면서 책을 접하게 되었지만, 아주 짧게 스치고 지나갔다. 그러면서 또 삶의 무게로 책과는 다시 멀어졌다. 이후 몇 년은 책과 담을 쌓고 지냈다. 그러나 독서 모임에서 읽었던 책들의 감동은 오랜 기간 책을 보지 않았을 때도 여운으로 남아 있었다. 독서 모임에서 책을 알게 해준 지인에게 정말 감사하다. 내가 지금 책을 쓰게 된 것 또한, 그때가 계기가 되었기 때문이다. 데일 카네기의 『인간관계론』을 독서 모임에서 처음 읽으며 나는 한층 더 성숙한 사람이 될 수 있었다. 그런 경험은 무슨 일이든 발생할 때마다 나 자신을 되짚어보도록 했다.

이번에도 나는 주변 사람들과의 관계를 계기로, 다시 책을 접할 수 있게 되었다. 이 또한 얼마나 고마운 일인가? 내가 본격적으로 책을 읽도록 만들어준 셈이 되었으니까. 책을 접하고 난 뒤 보인 나란 사람은, 나의 삶과 나의 잘못을 타인에게 미루고 있었고, 자존감은 밑바닥에 맴돌고 있었다. 그런 나를 보면서, 지나간 시간이 너무 허무하고 철딱서니 없었던 52년의 세월이 한없이 후회되었다. 그 모든 것은 내 마음에서 비롯되었다. 모든 것이 이론으로는 성립가능한 말이지만 알면서도 잘 되지 않았던게 사실이었다. 이대로 살기에는 남은 인생이 너무 아깝다는 생각이 들었다.

이 모든 일련의 과정은 내게 책과 접하게 되는 충분한 명분이 되어주었다. 나의 사고를 바꾸어준 책. 나의 내면세계까지 들여다 보며 파헤쳐준 책. 내 인생의 변화는 상처받은 나를 치유하고 싶은 마음에서부터 출발했다. 그러나 책은 나에게 그 이상을 선물했다.

나를 살린 문장들

『심플하게 산다』
· 도미니크 로로, 바다출판사

"자신이 어떤 것을 원하고 왜 원하는지 명확하게 알면 내면의 목소리가 어떤 길로 가야할지를 알려준다. 우리가 원하는 거에 대해 생각하고 꿈꾸는 것이 좋다는 이유가 바로 그 때문이다."

— p.218

나만 상처받은 피해자라고 대단한 착각을 하며 살았던 내게 내면의 목소리는 진정으로 내가 원하는 꿈을 찾아가는 길을 알려주었다.

8

내 삶을 변화시킨 것은 책뿐이었다

인간은 얼마나 오래 사느냐가 아니고, 어떻게 사느냐가 문제인 것이다.

– 필립 제임스 베일러

나이를 운운하며 나를 처량하게 바라볼 때면 더 오기가 생겼다

사람들은 참 많은 정보 속에서 살아간다. 그리고 그 속에서 내 삶을 변화시키려 노력한다. 정보는 이미 홍수처럼 넘쳐나고 있다. 그것을 받아들이느냐 마느냐는 오로지 본인의 몫이다. 나는 정보를 받아들인 편에속한다. 그리고 어떤 정보든 내 것으로 만들기 위해 노력한다. 나는 인테리어업을 그만두고 수많은 사업에 도전했다. 그러나 결론적으로는 좋지않은 결과만 도출했다. 주변 지인은 나에게 이제 좀 그만하라고 한다. 실패만 계속했던 내가 안쓰럽고 안타까웠던 모양이다. 하지만 나는 도전을멈추지 않았다. 특별하게 살고 싶었기 때문이다. 나는 무엇이 됐든 도전하는 것을 두려워하지 않았고, 몸소 부딪혔다. 지금 생각하면 참 무모한 모습이었다.

성공학의 대가 브라이언 트레이시는 이렇게 말했다.

"시도한 모든 일에서 나는 실패를 경험했다. 좌절과 실망, 일시적 실패는 숨을 들이쉬고 내쉬는 것만큼 자연스러운 일이라는 걸 배웠다. 나는 학교에서 실패했고, 수많은 직업에서 적어도 처음에는 실패했다. 세일즈맨이 됐을 때 수백 번의 실패를 경험했고, 경영진이 되어서도 끝없는 실수를 저질렀다. 나는 성공하기 전에 내 인생의 모든 단계에서 실패하고 또 실패했다."

브라이언 트레이시의 말처럼 나의 실패는 아주 정상적인 절차였다. 그러나 그동안 너무 많은 실패로 인해 위축되어 있었던 건 사실이다. 때로는 내가 정말 성공할 수 있을까? 하는 의구심이 들기도 했다. 내 주변에는 평범한 사람들이 대다수다. 그들처럼 나도 평범하게 살면 될 걸 왜 이토록 힘든 일을 자초하나 싶기도 했다. 지인의 말대로 이제 그만하고 편하게 살 걸 그랬나? 하고 후회도 하곤 했다. 그즈음 브라이언 트레이시의 말은 나에게 큰 힘이 되었다. 성공학의 대가 또한 나와 같은 실패와 좌절, 고통 그 모든 걸 감내했다. 그래도 도전하고 또 도전했다. 그리고 끝내 성공했다. 이렇게 성공자들의 글은 실패할 때마다 매번 나에게 용기와 희망을 주었다.

내 나이 딱 100세의 반에 숫자 2를 더한 나이다. 정말 많은 직업에 도전하고 실패했다. 그 실패의 흔적을 지워내느라 지금도 힘든 상황이지만 나는 오늘도 도전하고 있다. 평범하게 살기 싫었고, 실패하면 할수록 성공의 욕구는 강해졌기 때문이다. 주변에서 나이 운운하며 나를 처량하게 바라볼 때면 더 오기가 생겼다. 그래서 포기하고 싶지 않았다.

나는 열아홉에 A 백화점에 취업을 했다. 3년을 근무하고 무역회사로 이직해 그 다음해 스물넷에 결혼했다. 그리고 큰애를 낳았고, 2년 터울로 작은애를 낳았다. 나는 결혼해서 아이들을 키웠던 6년을 제외하고는 일을 쉬어본 적이 없다. 아이들을 키우는 동안에도 집에서 부업을 하며 지냈다. 그러다 얼떨결에 세일즈 사업을 만났다. 나는 그 사업을 6개월 했다. 그 이후 보육교사교육과정에 도전했고, 피부관리사 자격증을 취득해 피부관리실 운영도 했다. 본격적으로 인테리어 사업에 뛰어들기 전에도 나는 항상 배움을 게을리하지 않았다. 15년 했던 인테리어업은 나의 건강이 허락하지 않아 그만두었지만, 그래도 내게는 친정 같은 존재다. 인테리어업은 보람도 많았고, 사건사고도 많았다. 그렇게 새로운 일을 생각하던 중 세일즈 사업을 만나게 되었다.

선택 또한, 집중 또한 내 몫이었다

내가 세일즈 사업을 선택한 것은 인세 소득을 받고 싶어서였다. 처음은 돈이 되는 듯했다. 그러나 기대와는 달리 시간이 지날수록 돈이 모이지 않았다. 그리고 소득을 받는 사람을 지켜본 결과 아주 긴 시간을 요하는 듯했다. 그렇게 사업을 해보니 내가 제일 힘들었던 것은, 그야말로 사람들이 주는 희망 고문이었다. 나는 하루 24시간을 48시간처럼 쓰며 일했고, 그렇게 하면 잘될 것만 같았다. 그러나 점점 시간은 흘렀고 나는 지쳐갔다. 처음 나의 부푼 꿈은, 결과론적으로는 궁핍한 현실이 되었다.

나를 끌어주던 돈의 힘이 없어지자, 내 마음에선 열정이 솟아나지 않았다. 그러자 마음에선 사업을 계속할 수 없는 말들만 쏟아내기 시작했다. 더는 전진할 수 없었다. 내 진심을 속이는 것 같아 혼돈이 왔다. 그러나 돈을 벌기 위해서는 머물러 있을 수 없었다. 어떻게든지 해야 했다. 인테리어업 대신 선택한 생업이었기 때문이다. 찬밥 더운밥 가릴 처지가 아니었다. 그렇게 내 신세를 한탄하며 울며 겨자 먹기로 해야 했다. 선택과 집중 또한 내몫이었다.

나는 주변 사람들의 만류에도 인테리어사업을 그만두었다. 건강상 문제이기도 했지만, 억지로 하려면 할 수도 있었다. 그러나 인테리어의 노동에서 벗어나고자 선택했던 세일즈 사업에 승부를 걸어보고 싶어서 미련 없이 인테리어업을 놓았고, 세일즈 사업을 선택했었다. 그러나 나 스스로 인간관계의 한계를 느끼고 나니 모든 것에 손을 놓고 싶었다. 만사가 귀찮았고 더는 회생불능이었다. 그야말로 의욕상실이었다. 내 삶을 변화시켜줄 것 같았던 사업을 모두 실패하고 나서야, 정신을 차릴 수가 있었다.

혜민 스님의 『멈추면 비로소 보이는 것들』의 제목처럼 나는 멈출 수밖에 없었다. 그리고 뭔가 잘못됨을 인지한 후에야 절실히 깨달았다. 내가 바로 서지 않고는 어떤 것도 내 삶을 바꿀 수 없다는 것을. 하지만 이미 나에게 돌아온 건 힘겨운 현실과 지친 몸이었다. 그것 또한 엉망이 되고 난 후였다. 그제야 비로서 나는 내가 보이기 시작했다.

나의 몸은 만신창이가 되었지만, 세일즈 사업을 하며 감사하게도 얻은 것이 하나 있다면 그것은 바로 책이었다. 독서 모임을 통해 그때 알았던 책 들 중 기억에 남는 책은 『디앤서』와 『돈』이었다. 머레이 스미스, 존 아사라프의 『디앤서』와 보도 섀퍼의 『돈』은 나에게 꿈을 심어준 책이다. 그러나 가슴에 감동을 안겨준 이 책 또한 상황이 힘들어지자 잊혀졌다. 책의 여운은 남았지만 세월은 흘렀고, 내가 다시 책을 접하게 된 건 그로부터 5년 뒤인 2019년 초였다. 마음이 너무 힘들어 다시 책을 찾기 시작한 것이다.

나는 마음이 힘들 때 법륜스님의 영상들을 자주 보았다. 법륜스님의 영상은 내게 안식처였다. 그 영상을 통해 나를 객관적으로 볼 수 있게 되었다. 하지만 마음은 영상을 통해 치유되었지만, 경제적인 현실은 영상으로는 어찌할 수 없었다. 그래서 지푸라기라도 잡는 심정으로, 돈에 관련된 영상을 찾기 시작했다. 그러던 중 유튜브 동영상을 통해 스노우폭스 김승호 회장 강연을 보게 되었다. 돈의 속성에 관한 강연이었다. 김승호 회장은 "돈은 중력과도 같다. 중력은 무게가 무거우면 무거울수록 다른 것을 끌어당긴다. 돈이 많으면 많을수록 다른 돈을 끌어당긴다"라고 말했다. 그 말이 내 가슴에 비수처럼 꽂혔다. 나는 강연을 들으며 김승호 회장의 책을 읽어보고 싶어졌다. 그래서 바로 인터넷 서점을 서핑해 김승호 회장의 책을 모두 샀다. 『김밥 CEO』, 『생각의 비밀』, 『알면서도 알지 못하는 것들』, 『자기 경영 노트』 등을 구입했다. 이 중에서 『알면서도 알지 못하는 것들』은 내가 정말 아끼는 책이 되었다.

나는 책을 한 자 한 자 정성스럽게 읽었다. 그리고 차츰차츰 다른 책에도 관심을 가지며 점점 안정을 찾아갔다. 한 권의 책은 꼬리에 꼬리를 물고 다른 책들로 이어졌다. 책을 읽으면, 내 마음도 다독이고 내 미래도 바뀔 수 있을 것 같았다. 책들은 하나같이 같은 소리를 했다. '꿈은 이루어진다. 꿈을 적어라. 좋아하는 일을 하라. 자존감을 높여라. 상상하면 현실이 된다. 돈보다 운을 벌어라.' 등 성공자들은 같은 말을 하고 있었다. 내가 정말 듣고 싶었던 말을 책이 나에게 말해주었다. 내 삶은 변화

될 것 같았다. 내 삶을 변화시킬 수 있는 건 오직 책밖에 없었다.

내가 책을 읽은 이유는, 나는 타인의 시선에서 자유롭고 싶었다. 타인 앞에서만 작아지는 이유를 알고 싶었다. 그리고 꿈을 이루고 싶었다. 그런 내가 원하고 싫어하는 것에는 공통점이 존재하고 있었다. 못난 자신이라는 나였다. 꿈만 좇는 사람처럼 보는 타인의 시선이 싫었고, 타인으로부터 매번 상처받는 내가 싫었다. 부자가 되면 타인의 시선을 벗어날 것 같았다. 그리고 당당해질 것 같았다. 매번 상처받는 나를 보며 이렇게 살아서는 안 되겠다는 생각을 했다. 그렇게 나의 존재를 찾기 위해 나는 책을 읽기 시작했다.

나를 살린 문장들

『소심해도 잘나가는 사람들의 비밀』
나이토 요시히토, 알에이치코리아

"사람은 실패를 하기에 무엇을 어떻게 개선하면 좋을지 반성하고 고민하며 성장해 간다. 모든 일이 수월하기만 하면 변화하고자 하는 마음이 생기지 않고, 잘해야 현상만 유지할 수 있을 뿐이다. 실패는 있을 수 있는 일이며 (중략) 사람은 실패를 통해서 성장하는 법이다. 실패를 두려워하면 성장도 할 수 없다."

– p.170

소심한 나를 변화로 이끌었고, 실패도 덤덤히 받아들이도록 나를 성장시킨 책이다.

당신을 살린 한 권의 책

『품격있는 대화』,
한창욱, 다연출판사

""넌 다 좋은데 그게 문제야, 나나 되니까 너랑 이러고 있지, 장점이라고는 눈 씻고 찾아보려 해도 없네, 누구 닮아 그러니, 뭐가 되려고 그러니" 등이 있다. 자존감 도둑은 나와 가깝고 허물없다는 이유, 혹은 상대적 지위를 이용해서 아무 거리낌 없이 자존감에 상처를 낸다. 나의 기분 따위는 조금도 헤아리지 않는다. 그들은 칭찬에는 인색하고 비난만 장황하게 늘어놓는다는 공통점이 있다."

– 69쪽

이 책에는 나를 품격 있게 만드는 대화법이 담겨 있었다. 자존감 도둑에게 빼앗긴 내 자존감을 회복할 수 있었고, 내가 생각하는 사람에 대한 가치관이 옳다는 것을 입증해준 책이다. 내가 그동안 해왔던 행동이 옳다는 것을 느끼게 해준 책이다. 특히 자존감이 낮은 사람에게 꼭 추천해주고 싶다. 자신을 이해하는 데도 도움이 되며, 평소 자신의 대화법을 돌아보게 되고, 타인과의 대화에서도 익혀야 할 지침을 서술해놓은 책이다. 모든 사람에게 강력히 추천하고 싶은 책이다.

2장

인생에서
나만의 기준을
만들 수 있다

1

다른 사람보다 나를 더 사랑한다

스스로 존경하면 다른 사람도 그대를 존경할 것이니라.

— 공자

수술 덕분에 마음껏 휴식할 수 있었다

2012년 4월 2일 나는 병원 천장을 바라보며 불빛을 하나둘 세고 있었다. 의사 선생님의 지시를 기다리고 있는 간호사가 보였다. 잠시 후 "마취약 들어갑니다."라는 말과 함께 나는 잠이 들었다. 얼마나 지났을까? 누군가 우는 소리와 함께 목이 아파옴을 느꼈다. 누가 나의 목에 돌덩이를 집어넣은 것 같았다. 모두가 내가 깨어나기를 기다리고 있었다. 눈을 뜨자 남편이 수고했다며 손을 잡아주었다. 그리고 친정 가족들과 아이들은 나의 머리를 쓰다듬어주었다. 그렇게 나는 8시간 동안 갑상선암 수술을 했다. 나의 암수술은 내 인생에서 첫번째 전환점이 되었다. 그동안 맘

편히 쉬지 못했던 나는 수술 덕분에 마음껏 휴식할 수 있었다. 그리고 퇴원 후 2차 치료인 2박 3일 동위원소 치료를 위해, 방사능 관리구역이라고 적힌 병실에 다시 입원했다. 동위원소 치료가 끝난 후 2주간은 가족과도 1m 이상 떨어져서 생활해야 했다. 내 몸에 남아 있는 방사능이 가족에게 옮아가는 것을 막기 위함이었다. 내가 입원한 병원 5층에 오빠도 입원 중이었다. 오빠는 IMF 때 부도가 났다. 사업체를 살리려고 10년간 힘겹게 버텼다. 오빠는 자신의 몸을 돌볼 시간도 없이 현실과 맞서야 했다. 그 결과 스트레스로 인해 몸에 무리가 왔다. 급기야 담관암 3기라는 진단을 받았다. 오빠는 나보다 먼저 담관암 수술을 받았다. 다행히 수술이 잘되어 회복되고 있었다. 나는 2차 치료로 입원하기 전날 밤 오빠에게 편지를 썼다. 내가 보내는 처음이자 마지막 편지였다.

오빠 덕분에 내 병을 알게 되어 너무 고맙다고 했다. 그리고 엄마에게 따뜻한 말 한마디 해달라는 부탁의 말도 적었다. 어렸을 적에 오빠를 따라 미팅 갔던 게 너무 좋았다는 얘기도 적었다. 그리고 꼭 살 수 있을 거라는 희망의 말도 잊지 않았다. 오빠 건강이 회복되면 맛난 것 먹으러 가자는 말도 적었다. 나는 그렇게 5장의 편지를 썼다. 입원 당일 아침, 나는 방사선 입원실로 가기 전 오빠의 병실을 들렀다. 한참만에 본 오빠의 모습은, 회복된다고 보기엔 힘들 정도로 예전과 많이 달라져 있었다. 곤히 잠든 오빠를 대신해 올케언니에게 편지를 주며 오빠가 깨어나면 꼭 전해달라고 했다.

며칠 뒤 엄마는 나에게 이렇게 전했다. 오빠는 엄마에게 영상통화를 통해 퇴원하면 엄마랑 꼭 같이 살자고, 조금만 기다려 달라고 했다고 한다. 엄마는 그 말에 천진난만한 아이처럼 좋아했다. 평소에도 오빠가 그 때처럼 엄마에게 살갑게 했더라면…. 그 생각만 하면 가슴이 먹먹하다. 참 말이 없고 무심한 오빠였다. 그렇지만 오빠는 감사하게도 나의 편지를 읽고, 내가 부탁한 대로, 엄마에게 전화를 했다. 오빠는 엄마에게 따뜻한 말로 같이 살자고 했다. 나의 부탁을 들어준 오빠가 너무 고마웠다. 얼마 후 오빠는 사랑하는 가족들을 남겨둔 채 세상과 이별했다. 그때 오빠의 나이는 54세였다. 너무 젊은 나이에 저 세상 사람이 된 오빠를 나는 아직도 그리워한다. 오빠와의 즐거웠던 추억을 나는 평생 가슴에 안고 살게 되었다. 꿈에서라도 꼭 보고 싶은 사랑하는 나의 오빠. 이처럼 오빠는 나에게 자신의 소중함을 일깨워주었다.

나를 사랑하는 방법 3가지

나는 오빠를 잃은 아픔과 갑상선암으로 인해, 나를 진지하게 되돌아보게 되었다. 내 병의 근원은 스트레스였던 것 같다. 나는 나를 혹사시킨 죗값을 톡톡히 치렀다. 다시는 겪고 싶지 않은 일이었다. 오빠처럼 나 또한 자신을 돌보지 않은 결과였다. 나는 나를 너무 사랑하지 않았고, 내 안의 나는 힘들다고 발버둥쳤지만 괜찮다고 했다. 내 몸은 매일이 실신 직전이었지만, 나는 매몰차게 등을 돌렸다. 정작 아끼고 사랑해야 할 자신을, 타인의 시선에 집중하느라 외면했다.

　나는 나를 사랑하는 것이 몸에 배지 않아 나를 사랑한다는 자체가 이기적으로 느껴졌다. 나의 실수에 대해서는 엄청 모질었고, 혹독하리만치 냉정했다. 그러나 다른 사람의 실수에는 정말 관대했다. 나는 이렇게 모순적인 모습으로 나를 늘 힘들게 했다. 그동안 내가 나를 얼마나 하찮게 대했는지, 나를 얼마나 아프게 했는지, 내가 얼마나 바보 같았는지. 그렇게 나는 나를 먼저 사랑하지 않고 남을 먼저 사랑했다. 오빠에게도 나에게도 나를 사랑하는 것이 먼저였다. 그동안 자신을 위해 희생한 나를 사랑하는 것이 먼저였다. 타인의 시선에 좀 무심했으면 좋았으련만 안타깝게도 나는 자신을 지키지 못했고, 지난날을 돌아보며 참 많이 반성했다.

　손미나의 『누가 뭐라고 해도 내가 가는 길이 꽃길이다』에서 저자가 영국에서 온 기자 친구에게 보낸 편지에는 이렇게 적혀 있다.

　"20대에 방황했던 시간들이 늘 아깝다고 여겼는데, 이제 와 돌이켜보면 그 모든 것이 나를 알기 위한 과정이었다는 생각이 들어. 이미 모든 것을 다 알고 있다고 믿었지만 사실이 아니었던 거야. 자기 자신을 아는 일이 가장 어려운 일이었어."

　맞다. 나에게도 정말 어려웠던 일이 나를 아는 것이었다. 나는 힘든 고비를 넘어 나를 아는 데 50년이 걸렸다. 이제야 나를 아는 일에 충실한 시간을 갖게 되었다. 책은 그렇게 나를 또 돌아보게 했다. 그동안 나를 챙기는 일에 참 무관심했던 나, 나 자신을 아는 일이 이렇게 오랜 시간이 소모될 줄이야. 나는 나를 위하는 것에 익숙하지 않았던 것을 인정한다. 지난날을 보상이라도 하듯 책은 지금이라도 나를 챙기라고 말했다.

나는 나를 더 사랑하기 위해 3가지 약속을 했다.

첫 번째, 나에게 매일 사랑한다고 말하자.
두 번째, 나의 실수를 너그러이 용서해주자.
세 번째, 나에게 감사한 마음을 갖자.

나는 나를 다 아는것처럼 행동했던 지난날을 뉘우치며, 세상에 자신만큼 소중한 것은 없다는 것을 깨달았다. 내가 가장 사랑하는 가족도, 내가 좋아하는 모든 것도 내가 이 세상에 없으면 아무런 의미도 없는 것이다. 자신이라는 소중한 보물. 그런 나를 위해 다른 사람보다 나를 더 사랑하기로 했다. 그리고 책을 읽으며 알게 된 생각지도 못한 신비한 체험이 있다. 내가 책을 쓰려는 이유를 반문하는 과정에 나는 자아와 만났다는 것이다. 그 순간을 정말 잊을 수가 없다. 갑자기 흘러내리는 눈물은 가슴을 타고 저며왔다. 나는 너무나도 서럽게 울고 있는 작은 아이가 되었다. 달래줘도 달래줘도 서럽게 울기만 하는 아이였다. 마음이 너무 아팠다. 그동안의 외면이 얼마나 서러웠던지 눈물을 멈출 수 없었다. 지켜주지 못해 정말 미안했다. 나는 나를 꼭 안아 주었다. 그리고 약속했다. 더는 나를 외면하지 않겠노라고.

나를 살린 문장들

『돈보다 운을 벌어라』
김승호, 쌤앤파커스

"내가 나를 잘 돌보는 것도 하늘이 볼 때 아주 바람직한 행위다. 유기체의 각 부분이 스스로를 잘 돌본다면 몸 전체가 건강하니까 말이다. 반면 자신을 지키지 못하면서 남의 일에만 신경쓰는 것은 바람직한 행동이 아니다.(중략) 사람은 자기 스스로를 먼저 돕고 남을 도와야 한다. 자신을 잘 지키는 것도 공익이라는 것을 알아야 한다."

– p.139~140

나를 모르면서 성공을 바라며 숨차게 달려온 나에게 운의 원리를 알면 모든 것이 달라진다는 교훈을 준 책이다.

2

남의 시선 따위는 신경 쓰지 않고 산다

너의 길을 가라. 남들이 무엇이라 하든지 내버려두라.

— 단테

나만의 확고한 철학이 없었다

나는 외출할 때 단 한 번도 화장하지 않은 적이 없다. 나는 외모에 좀 부지런한 편이다. 그 이유는 나이 들어 젊었을 때 관리할 걸 하고 후회하기 싫어서이다. 조금만 부지런하면 후회하지 않을 수 있다. 나는 화장하는 것을 좋아하기도 하고, 솔직히 얘기하면 다른 사람의 눈을 의식해서이기도 하다. 나는 어딜 가나 남의 시선에 자유롭지 못했다. 그리고 나만의 기준에 여자라면 당연히 그래야 된다고 생각했다.

내가 하는 모임에 좋아하는 D언니가 있다. D언니는 나보다 세 살이나 많았지만 정말 동안이다. 지난 5월 모임에서 일본 오키나와를 갔을 때였다. 그곳에서 언니와 방을 같이 썼다. 그리고 밤새 얘기했다. 그러고 난 후부터 언니와 나는 부쩍 친해졌다. 언니와 얘기하던 중 말레이시아에서 살고 싶어 하는 꿈의 공통점도 찾았다. 그런저런 얘기를 하느라 밤새 뜬눈으로 보냈다. 여행을 통해 언니를 좀 더 알게 되는 계기가 되었다. D언니는 특별한 교육관을 가지고 있었다. 언니에겐 두 딸이 있다. 두 딸은 모두 중학교 졸업 후 고등학교를 검정고시로 졸업했다. 그리고는 인도로 유학을 보냈다. 공부도 잘해서 지금은 세계 굴지의 기업에 재직 중이다. 나는 상상도 못하는 일이었다. D언니는 대한민국의 교육 실상을 무척 안타까워했다. 짜여진 틀을 벗어나지 못하는 현실이 싫다고 했다. 그래서 두 딸을 외국으로 보냈다고 한다. 나는 엄두도 내지 못하는 언니의 확고한 교육관에 무척 놀랐다.

나는 언니를 보며 자녀 교육에 있어 나만의 뚜렷한 철학이 없이 아이들을 키웠다는 생각이 들었다. 그래서 그런 교육관을 가진 언니가 특별해 보였다. 내가 해보지 못한 일을 언니는 하고 있었기 때문이다. 나는 남의 시선을 전혀 신경 쓰지 않고, 남을 의식하지 않는 언니 모습이 참 부러웠다.

나는 지금까지 내 모습도, 내 생활도 남의 시선을 신경 썼다. 아이의 교육도 마찬가지였다. 평범하다는 잣대도, 특별하다는 잣대도 아닌 나만의 명확한 생각이 없었다. 나는 내 직업 또한 그랬다. 인터넷을 통해 인테리어 사업을 하다 보니, 남의 시선을 피할 수가 없었다.

딸이 고등학교 다닐 때 차를 타고 가며 한 얘기다. 딸은 내가 여러 가지 직업을 거쳤음에도 엄마는 늘 멋있다며 좋아했다. 그리고 딸의 친구도 나를 커리어우먼이라며 멋있다고 했다. 나는 칭찬을 좋아했다. 그래서 그런 칭찬에 더 잘하고 싶어서 주야장천 열심히 했다. 딸이 엄마를 멋있어한다는 말에 내심 뿌듯했다. 그런 반면 딸은 또 다른 마음도 있었던 것 같다. 한참 뒤 딸의 다른 마음을 듣게 되었다. 딸은 평소에 결혼 안 한다는 소리를 밥 먹듯 했다. 나는 그 말이 떨어지기가 무섭게 "그래, 혼자 잘 먹고 잘 살 수 있으면 뭐하러 결혼하겠니?"라고 말하곤 했다. 그런데 딸이 결혼하고 싶지 않은 이유를 듣고는 놀라지 않을 수 없었다.

딸은 일을 마치면 늘 녹초가 되어 돌아오는 엄마를 보고, 자기는 결혼하지 않으리라 생각을 했다고 한다. 자신도 결혼하면 엄마처럼 살아야 될까 봐, 그것이 자신 없었다고 한다. 딸에게 비친 엄마는 멋있는 반면 힘들어보였던 것이다.

나는 인테리어업을 하는 동안 아이들을 챙기지 못했다. 그때 어린 딸의 성향이 결정되어버린 것 같아 가슴 아플 때가 많다.

남의 시선을 만족시키려 애썼던 나의 모습이, 같은 여자의 관점에서 바라본 딸의 눈에는 고달파 보였던 것 같다. 그렇게 내 모습은 딸의 결혼관에 영향을 주고 있었다. 딸의 말을 듣고 보니 그럴수도 있겠다는 생각이 들었다. 하지만 딸의 결혼관에 대한 이야기는 적잖은 충격이었고 그 순간은 내가 발가벗겨진 느낌이었다. 남의 말과 칭찬에 내가 욕심을 낸 결과였다. 내가 조금만 적당히 했더라도 하는 안타까움이 밀려왔다. 그리고 소신없이 살았던 지난 시간이 참 후회되었다. 딸에게 미안하고 부끄러웠다. 그렇지만 우리 아이들은 감사하게도 지금까지 열심히 살아온 부모를 존경했다.

인테리어를 하던 시절 거래처 중 전기공사를 하는 업체가 있었다. 내가 본 그 사장은 자신의 색깔과 자존심이 엄청나게 강했다. 자신이 정한 콘셉트 외에 다른 사람의 의견 따위는 신경 쓰지 않았다. 현장에 투입되면 내가 선정한 제품에 대해 자주 투덜거리곤 했다. 그의 스타일이었다. 하지만 나도 모르게 자기 주장이 강한 그 사장과 만나면 내 결정이 흔들렸다. 그럴 때마다 그 사장의 핀잔을 듣곤 했다.

"자신이 결정했으면 누가 뭐래도 밀고 나가야죠."

그렇게 그는 갈팡질팡하는 나를 질책했다. 그의 말이 맞았다. 나는 내가 결정한 일도 뒤집기를 잘했다. 내 주관대로 해놓고도 남의 말에 신경 쓰며 내 선택을 의심했다. 나는 참 다른 사람 말을 잘 들었다. 이런 내 모습이 어떨 때는 바보 같았다. 그렇게 나는 나에 대한 믿음이 약했다. 나는 내가 한 일에 대해 굳건히 밀고 나가는 뚝심이 없었고, 나의 이런 행동은 스스로 힘든 삶을 자초했다.

그동안 나는 힘든 마음을 감추며 살았다. 내가 조금만 더 일하면 다른 사람들이 편하다고 생각했다. 내가 양보하고 참으면 잘 해결될 것 같았다. 왜 그토록 미련했을까? 왜 그토록 남을 의식하며 살았을까? 모든 것이 욕심이었다. 그리고 오지랖이었다. 나 하나도 못 챙기면서 남을 위한답시고 욕심을 부린 것이었다. 그렇게 아까운 세월을 마냥 흘려 보내고 있었다. 욕심을 버리면 남도 신경 쓰이지 않고, 내 주관대로 멋진 삶을 즐길 수 있었다. 남의 시선에 맞추어 살지 않아도 행복할 수 있었다. 나를 옥죄지 않아 숨통이 트일 수도 있었다.

남에게 집중되었던 시선을 나에게로 돌린 것은 책 덕분이다. 나는 책을 통해 하루하루가 행복해졌고 단단해졌다. 다른 사람을 신경 쓴다는 것은 아까운 내 시간을 낭비하는 것이고, 내 마음의 여유를 빼앗기는 것이다. 남의 시선을 신경 쓰지 않으니 매일이 에너지로 넘치고 세상은 다 내 것이 되었다.

『혼자 잘해주고 상처 받지 마라』

유은정, 21세기북스

"말로만 하는 사랑은 사랑이 아니다. 자신에 대한 사랑도 마찬가지다. 다른 사람들은 칭찬하면서 정작 나 자신을 무시한다면 그것만큼 슬픈 일이 어디 있겠는가. 내 자아도 칭찬을 듣고 싶어한다. 장점을 들려주며 자신을 칭찬하는 시간을 갖자. 그러다 보면 점점 내 매력이 더 큰 힘을 발휘할 것이다."

— p.127

버려져 있었던 나의 자아를 위해. 타인의 시선에 신경썼던 시간만큼 나를 사랑하는데 신경쓰는 시간을 갖게 되었다.

3

하고 싶지 않은 일은 정중하게 거절한다

작은 변화가 일어날 때 진정한 삶을 살게 된다.

— 레프 톨스토이

거절하지 않아 매번 나만 괴롭히는 꼴이 되었다

내가 인테리어 일을 할 때 이야기다. 나는 나와 인연이 된 거래처는 웬만하면 바꾸지 않았다. 거래처를 선택할 때도 기준이 있었다. 사람이 먼저였고, 사람을 중시했다.

나의 거래처 중 도색팀 A대장이 있었다. 보통 현장에서는 오야지라고 말한다. A는 사람 좋기로 소문났었다. 나는 사람만 좋다고 거래처를 결정하지는 않았다. 사람도 좋지만 일도 잘해야 했다. A는 일을 잘했기에 다른 거래처와 일정이 겹치는 건 기본이었다. 나는 공사가 잡히면 먼저 A에게 전화해 일정을 상의했다. 인테리어 공사는 최소 10개~30개 이상의 공정이 있다. 여러 공정의 사람들은 나와 거의 15년을 같이 일했다. 나와 함께 일하던 거래처들은 좋은 사람이 많았다. 일 또한 잘했고, 모두가 다른 업체에서도 인정을 받았다. 나의 거래처들은 늘 일정에 쫓겼지만 내가 일을 의뢰하면 스케줄을 비워주기도 했다. 참 고마운 사람들이었다.

일을 하다 보면 서로 잘 맞는 거래처 찾기가 쉽지 않다. 각자 나름의 스타일이 있어서이다. 도색팀의 대장이었던 A는 그 일을 30년 넘게 한 도색 전문가였다. A는 사람 자체가 순둥이였다. 그리고 거절 못하기로 소문났었다. 수입과는 무관하게 일부터 우선 처리해주는 사람이었다. A는 일도 잘했고 비용도 많이 받지 않았다. 그래서 늘 바빴다. 우리의 일은 A 덕에 잘 진행되었다. 그러던 어느 날 내가 건강문제로 갑작스럽게 일을 잠시 쉬고 난 후 다시 일을 시작할 때쯤이었다. A에게 일정을 상의하기 위해 전화를 했다. 오랜만에 전화한 A에게 나는 뜻밖의 대답을 듣게 되었다. 더는 일하지 않는다고 했다. A도 나처럼 건강이 좋지 않아 휴양차 거제도로 간다고 했다. 나는 내가 아팠었기에 이해가 되었다. A에 대한 안타깝고 아쉬운 마음이 있었지만, 다른 거래처를 찾아야 했다.

그러던 어느 날이었다. 휴양차 간다던 A의 죽음 소식을 듣게 되었다. 청천벽력 같은 소식이었다. 근 15년을 가족같이 일했던 사람이라 놀라지 않을 수 없었다. 그런 소식을 전해 듣자 장례식에 참석하지 못한 게 너무 미안했다. 나중에 들은 이야기지만 아무에게도 연락하지 않았다고 한다. A는 당시 50대 중반이었고 미혼이었다. 인테리어 일은 힘든 작업이 많아 대부분 일이 끝나면, 의례 지친 몸을 술에 의존한다. A또한 그렇게 자신을 달래곤 했다. 나는 A가 마음 편하게 휴양하겠거니 했다. 그러나 뜻밖의 죽음 소식에 한동안 충격이 가시질 않았다.

A는 평소 타인에게 거절하지 못하는 성향이었다. 나도 그렇지만 A는 나보다도 더 거절을 못했다. 난 A에 비하면 새 발의 피였다. 대개 거절을 못하는 사람은 착하다. 상대의 눈치를 보기도 한다. 그래서 타인의 부탁을 잘 들어주는 편이다. 부탁을 하는 상대 또한 그것을 안다. 나도 고객과의 소통에서 비슷한 경험이 많다. 일을 하다 보면 일정이 꼬일 때가 있는데 그러면 고객에게 양해를 구해야 했다. 이럴 때면 부탁을 잘 들어줄 것 같은 고객에게 먼저 말하곤 했다. 이렇듯 내가 한 것처럼 사람은 유순하고 편한 사람에게 쉽게 부탁하게 된다.

나도 부탁을 들어주는 사람이었다. 타인이 부탁하면 웬만한 것은 거절하지 않았다. 정말 하고 싶지 않은 일을 제외하고는 대부분 들어주었다. 그러다 보니 부탁을 할 때마다 무조건 들어주는 사람이 되었다. 상대는 당연하게 받아들이기 시작했다. 그리고 종종 나의 한계를 시험하는 듯한 부탁도 했다. 나는 이를 난감해하면서도 거절하지 못했다. 이런 상황이 계속 반복되자 역시 좋지 않은 결과를 낳았다. 매번 나만 괴롭히는 꼴이 되었다. 그리고 나를 만만하게 본다는 느낌과 마주하기도 했다.

나는 부탁을 받기도, 들어주기도 잘했다. 나는 보통 부탁한 일이 끝나면 상대의 행동을 보았다. 그 행동을 보면 나를 만만하게 보는지, 정말 고마워하는지가 느껴졌다. 대개 고마워하지만, 간혹 내가 들어준 부탁을 허무하게 만드는 사람도 있다. 그중에는 자신의 실속만 차리는 사람도 있었다. 어떻게 보면 이기적인 것처럼 느껴졌고, 어떻게 보면 현명한 것처럼 느껴졌다. 이를 알면서도 뻔히 보이는 행동에 화가 치밀 때도 있었다. 그 선택을 내가 했음에도 화가 나는 건 어쩔 수가 없었다. 간혹 나를 호구로 생각했다. 내가 지금까지 정말 거절하지 못한 이유는 착한 이미지를 벗기 싫어서였다. 착한 이미지를 벗는 순간 타인에게 비춰질 시선의 두려움 때문이었다.

나 자신을 사랑한다면 거절할 줄 알아야 한다

20대 때 사무실에서 함께 근무하던 B언니가 있었다. B는 너무 예뻐서 모든 여자의 시기 대상이 되었다. 그리고 사무실 남자 직원에게도 인기 1순위였다. 회식을 할때는 말할 것도 없었다. 그런데 B의 얼굴은 항상 어두웠다. 내 어린 마음에 '저 언니는 얼굴도 예쁘고 일도 잘하는데 잘 웃지 않아.'라고 생각했으니까. 내가 입사하고 얼마 지나지 않아 언니는 퇴사하게 되었다. 나중에 안 사실이지만, 언니는 상사들의 요구사항이 버거웠다고 한다. 그리고 다른 사람의 부탁을 거절하지 못해 결국 퇴사까지 결정한 듯했다. 참 안타까웠다.

나에게도 거절은 참 쉽지 않았다. 돌이켜 보면 나는 타인에게 늘 좋은 사람으로 남고 싶어 했다. 그리고 남을 배려해 내가 하면 된다고 생각했다. 그것이 타인을 위하는 일이라고 생각했다. 때로는 상대의 부탁을 해주겠다고 약속하고나서, 지금이라도 못한다고 할까? 이제 와서 이러면 나를 우습게 보겠지? 하며 후회하기도 했다. 그렇게 거절 못한 마음의 스트레스 또한 나의 몫이었다. 내가 처음부터 거절했다면 상대도 미련을 버렸을 텐데 말이다. 이 또한 좋은 사람으로 남고 싶은 나의 욕심이었다. 상대방을 위한답시고 내 욕심에 나 자신을 힘들게 했던 것이다.

이 모든 것은 가장 우선이 뭔지 몰랐기 때문이었다. 타인보다 우선이어야 하는 것. 그것은 나 자신이었다. 자신을 사랑하는 것이었다. 나 자신을 사랑한다면 거절할 줄 알아야 한다. 거절에는 기술이 필요했다. 거절할 때는 부드럽게, 정중하고 단호하게. 거절할 때는 나의 상황을 먼저 생각하고, 상대방의 상황은 상대방의 몫으로 남겨야 한다. 그래야 거절하는 사람도 거절 받는 사람도 감정을 다치지 않는다.

거절할 때는 상대에게 내가 부탁하듯이 이렇게 하면 어떨까?

"얼마나 급했으면 나에게 부탁했겠어요. 그런데 미안해서 어쩌죠? 정말 급한 일이 있어서 해드릴 수가 없네요. 대신 다음번에는 당신 일을 우선으로 해드릴게요."

이렇게 말하면 상대도 '정말 거절할 수밖에 없구나.'라고 생각해 기분 상해 하지도 않는다.

나는 살면서 인간관계를 팍팍하게 하며 살고 싶지는 않다. 그 어떤 사람도 서로가 불편한 관계로 가는 걸 원치는 않을 것이다. 그래서 나는 우선이라는 것을 적용하게 되었다. 그것은 바로 자신이었다. 그래서 내가 할 수 없는 일은 거절하는 연습을 해보기로 했다. 나처럼 모든 사람에게 칭찬받으려 하다 힘들어지면 어디 가서 하소연할 데도 없다. 모든 것을 거절하지 못하는 것 또한 잘 보이고자 하는 나의 욕심이라는 것을 잊지 않기로 했다.

『자기경영노트』
김승호, 황금사자

"차마 면전에서 거절하지 못해서 받아들인 부탁이나 약속은 우리네 기본 삶을 송두리째 흔들 수도 있다. 크게는 빚보증 서는 문제부터 작게는 새로 산 고급 카메라를 빌려주는 것 것처럼 곤란한 일에 거절하는 방법을 배워야 한다. 분명 거절은 필요 없는 기대를 하지 않게 함으로써 오히려 상대에게도 도움이 된다. 내 삶을 송두리째 흔들었던 거절. 거절은 상대를 곤란하게 하는 것이 아니라 결론은 나와 상대를 위하는 것이다."

– p.43

당신을 살린 한 권의 책

『나는 매일 책을 읽기로 했다』

김범준, 비즈니스북스

"나는 한 번뿐인 인생을 잘 살아내기 위해서 나를 도와줄 누군가가 필요했다. 내가 선택한 그 누군가는 친구나 부모님, 혹은 직장 상사가 아니었다. 바로 내가 읽은 책들이었다. 책은 내 마음의 병원이었고, 나의 성장을 위해 내가 설계한 학교였다."

– 44쪽

이 책은 내가 가장 힘들 때 제목에 끌려 읽었던 책이다. 이대로 있어서는 죽을 것만 같아서 스스로 서점을 찾아가 골랐던 책이다. 나에겐 누군가의 도움이 필요했고, 그것이 책이었다는 것이 저자와 심정이 똑같아 단숨에 읽었다. 이 책을 필두로 나는 내 마음이 부르는 책을 계속 읽을 수 있었다. 읽고 읽고 또 읽어도 저자는 내 마음을 아는 듯 계속해서 울림을 주었다. 독서의 중요성을 아주 쉽게 서술해놓았다. 그리고 독서를 어떻게 하면 잘할 수 있을까 하는 저자의 경험담을 솔직담백하게 풀어놓았다. 독서를 하고 싶은데 어떻게 해야 할지 모르는 초보자에게 재미있고 쉬운 책이 될 것이다.

4

있는 그대로의 내 모습 인정한다

사실 누군가의 '뭔가'가 되는 것 자체가 그리 편하지 않아요.
전 제 자신으로 존재하고 싶어요.

— 영화 〈500일의 썸머〉 중에서

나는 주관이 없었다

나는 소녀다. 아직도 연예인을 보면 설렌다.

나는 열정이 넘친다. 아직도 무언가 하고 싶은 것이 너무 많다.

나는 친절하다. 무뚝뚝한 사람들이 장사를 하는 것을 보면 막 알려주고 싶다.

나는 정의롭다. 불의를 보면 참지 못해 오지랖을 앞세우며 해결하려 한다.

나는 일 욕심이 많다. 뭐든지 내가 해야 하고 남에게 맡기지 못한다.

나는 실행력이 끝내준다. 때로는 너무 빨라 손해를 볼 때도 많다.

나는 귀가 얇다. 정보를 듣고 다른 사람들에게 전달하다 보니 오해도 많이 받는다.

내가 본 나를 대표하는 수식어이다. 나는 귀가 얇다는 소리를 많이 듣는다. 많은 정보를 듣다 보니 그 정보를 타인에게 전달하고 싶어진다. 남들은 나를 보고 나이가 몇 살인데 아직도 그러고 사냐고 한다. 나보고 철딱서니 없다고도 말한다. 하지만 나는 이런 사람이다.

나는 온전한 나로 나를 인정한 지 얼마 되지 않았다. 나는 그동안 너무 완벽해지려고 애를 썼고, 그러다 보니 심적으로나 육체적으로나 엄청난 고통을 안고 살았다. 하지만, 그 당시에는 그렇게 사는 것이 싫지 않았다. 그때는 젊었고 잘한다는 칭찬에 인정받는 것 같아 좋았기 때문이다.

얼마 전 지인 A에게 교육에 관한 콘텐츠를 소개한 적이 있다. A는 내가 여러 가지 일을 한 것을 알고 있는 사람이었다. 나는 A에게 교육 콘텐츠를 소개해 소비자의 반응을 파악하고 싶었다. 그래서 사무실로 초대해 교육 콘텐츠를 소개했다. A는 긍정적인 반응을 보였다. 그러면서 하는 말이 이랬다.

"너 귀 얇지?"

나는 순간 내 모습을 그대로 이야기한 A에게 서운했지만, 나를 위해 시간 내어준 A였기에 고맙기도 했다. A는 영업을 많이 하다 보니 사람을 보면 한눈에 파악했다. A는 나의 그런 모습을 읽고 있었다. A에게 나를 그대로 들킨 것 같아 부끄러웠다. 그리고 A에게 그런 모습을 인정하기 싫었던지 A의 말이 서운하게 들렸다.

나는 상대방의 말을 잘 흡수하는 편이다. 타인의 시각에서 본다면 줏대가 없다고 생각할 수 있다. 예전 공장에서 생긴 일이다. 그날은 어떤 일을 해결하기 위해 사람들과 회의를 하던 중이었다. 회의는 각자 자신의 의견을 이야기했고, 사람들의 의견은 분분했다. 그래서 다수결로 결정하기로 했다. 각자의 의견과 주장은 나름대로 설득력이 있었다. 나는 나의 의견을 결정하기가 쉽지 않았다. 상대의 의견을 듣고 나니 더 헷갈렸다. 나는 갈팡질팡하는 모습을 보이며 주관 없이 행동했다. 의견은 가까스로 결정되어 회의는 끝이 났지만 줏대 없는 나의 행동에 실망감을 감출 수가 없었다. 스스로 결정한 일에 대해 확신이 부족했기 때문이다. 그래서 결정한 일에 미련이 남았고, 갈팡질팡하는 나를 인정하고 싶지 않았다. 그런 모습이 바로 내 모습임에도 싫었고 화가 났다.

『알면서도 알지 못하는 것들』에서 저자 김승호 회장은 "남의 말에 따라 자신의 행동을 바꾸면 결국 억압되어 모든 것에 지배당하고 낮은 대우를 받고 불행해진다."라고 말했다. 수시로 번복하는 나의 행동은 시간이 흘러 결국 나를 짓눌렀다. 타인의 시선에서 벗어나지 못했던 나는 나의 의견보다는 남의 의견에 휘둘리기 일쑤였다. 자존감이 낮아 자신을 신임하지 못하기 때문이었다. 그 때문에 타인과의 관계에서 상처는 늘 나의 몫이었다.

세상 그 어떤 사람도 존재하는 그 자체만으로 소중하다

나에게는 사랑하는 아들과 딸이 있다. 우리 아이들은 굉장히 밝은 편이다. 그리고 착하다. 우리 아이들은 자신의 의견을 잘 내지 않는 편이다. 친구들끼리 있을 때는 모르겠지만, 최소한 우리와 있을 때는 그랬다. 여행을 갈 때도 그랬고, 다른 일을 할 때도 그랬다. 늘 엄마 하고 싶은 대로, 또는 아빠 하고 싶은 대로 하라고 말한다. 우리 아이들은 어릴 적부터 떼를 써본 적이 없다. 항상 내가 해주는 대로 하고 살았다. 아이를 키울 때는 착해서 참 좋았는데 지금은 가슴 아프다. 그 이유는 상대를 먼저 생각하는 모습이 나를 닮았기 때문이다. 우리 아이들은 상대를 배려하는 것이 몸에 배어 있다. 그래서 나는 아이들에게 이렇게 말하고 싶다.

"상대를 배려하기보다 먼저 해야 할 것이 있는데, 그것은 자신을 지키는 것이야. 자신은 상대에 대한 배려보다 항상 우선이어야 해."

만약 과거로 돌아갈 수만 있다면 아이들에게 자신에 대해 이렇게 교육하고 싶다. 자신이 얼마나 소중한 존재인지를, 자신에 대한 믿음이 얼마나 소중한 가치를 만들어내는지를 꼭 말해주고 싶다. 그러한 믿음이 곧 자신감이라는 사실과 그런 자신감이 자기의 주관을 명확하게 표현할 수 있는 것이라는 사실도 알려주고 싶다. 나는 사실 아이들이 나처럼 할까 봐 염려된다. 사회생활을 하며 자기 주관을 펼치지 못할까 봐 걱정도 된다. 나의 이런 걱정이 노파심이길 바랄 뿐이다. 나에게 바람이 하나 있다면 우리 아이들이 자신의 모습을 있는 그대로 인정하고 사랑하며 살아갔으면 좋겠다. 자신을 먼저 사랑해야 타인을 사랑할 수 있는 마음이 더 넉넉해지기 때문이다.

어제 남편과 오랜만에 술을 한잔 했다. 남편이 이랬다. 스스로를 사랑하는 내 모습이 예전보다 더 밝고 자신감 넘치며 당당해보인다고. 남편은 항상 나를 응원하는 열혈 팬이다. 예전에도 그랬고 지금도 그렇다. 남편에게 비친 예전의 나의 모습은 항상 타인에 의해 힘들어하는 모습이었다. 남편은 그런 내 모습을 지켜보며 항상 마음 아파했다. 그러나 지금은 행복해하는 내 모습에 자신도 행복하다고 했다.

나는 지금 있는 그대로의 내 모습을 인정하며 사랑하고 있다. 오롯이 나를 직시하며 소중한 자신을 알아가고 있다. 나란 사람은 장점이 참 많은 사람이다. 그리고 나의 실수에 대해 너그러이 용서하기로 했다. 지금까지 남에게 베풀었던 관용을 이제는 나에게 베풀기로 했다. 이렇게 내가 나를 보는 시선이 달라지고부터 세상이 달라 보이기 시작했다.

책은 나를 변화시켰다. 책은 살면서 보지 못했던 나를 보게 만들었다. 책은 나의 관심 초점을 타인이 아닌 나로 바꾸어놓았다. 살아가면서 나를 소중히 여기는 것만큼 중요한 것은 없다. 사람은 자신의 존재감으로 살아 있음을 느낀다. 그렇기에 끊임없이 자신의 존재감을 드러내며 살아간다. 책은 나의 존재 가치를 알게 했고 깨닫게 해주었다. 나 스스로를 인정하게 만든 책, 나는 내가 읽은 책 덕분에 차츰차츰 인생의 맛을 느끼게 되었다.

나를 살린 문장들

『심리학이 이렇게 쓸모 있을줄이야』
류쉬안, 다연

"사람은 누구나 진실한 사람을 좋아한다. 그러니 지나치게 자신을 포장할 필요도, 가식적으로 예의를 차릴 필요도 없다. 자신의 표정과 말투, 몸짓 언어를 있는 그대로 드러내는 것 역시 자연스러운 매력이 될 수 있다. (중략) 진실성은 자신의 모습을 꾸미려 하지 않고 자신의 생각과 마음을 나누며 모든 사람을 동등하게 존중하는 태도에서 드러난다."

– p.61

가식은 아니었지만 장점이 많았던 나를 완벽으로 포장하려 했던 자신을 뉘우치게 했다.

5

내가 할 수 없는 일에 미련을 버린다

추억은 가슴에 묻고 지나간 버스는 미련을 버려.

― 영화 〈내부자들〉 중에서

선생님은 아무나 하는 게 아니다

30대 때의 일이다. 나는 대구에 있는 B대학교 평생교육원에서 보육교사 자격증 1년 과정을 수강했다. 어렸을 적부터 유치원 선생님이 꿈이었던 나는 아이들을 좋아하기도 했고, 늦게나마 꿈을 이루고 싶기도 했다. 유치원 선생님이 되면 내 아이들에게도 좋은 교육을 해줄 수 있을 것 같았다. 여러 가지 이유와 함께 가정 살림에도 보탬이 되고 싶었다.

보육교사 1년 과정을 수료하면 보육교사 3급 자격증이 주어졌다. 그러면 그 자격증으로 어린이집에 취업할 수 있었다. 나는 전문직이란 것도 좋았고, 취업을 할 수 있어서도 좋았다. 그리고 무엇보다 선생님이라고 불리는 자체가 아이들의 우상이 된 듯해 뿌듯했다. 보육교사 수강과정에는 보육교사의 인성과 아동 권리 및 복지, 아동 관찰 및 행동 연구, 아동 안전 관리, 아동 놀이 지도 등 많은 과목을 이수해야 했다.

어린이를 상대하는 일이었기에 주로 아동들의 보살핌을 위해 필요한 이수 과목들이었다. 나는 손으로 작업하는 것을 아주 좋아했던 터라 아동 미술 과목에서 월등히 칭찬받았다. 내 기억으로는 A회사 컵라면이었던 것 같다. 컵라면 뚜껑으로 선풍기를 만들어 A+를 받았던 기억이 난다. 이렇게 나는 1년 과정을 재미나게 끝낼 수 있었다. 그리고 첫 실습은 집 근처 어린이집에서 이루어졌다.

내 적성에 아주 잘 맞아 즐겁게 공부하고 수료했기에 아무 걱정이 없었다. 그러나 재미있을 줄만 알았던 한 달여 간의 실습은 예상 밖으로 엄청 힘들었다. 아이들은 정말 귀엽고 예뻤다. 그러나 시간이 지날수록 점점 괴리감이 느껴지고 내가 할 일이 아닌 것 같았다. 나는 엄마였기에 우리 아이들 대하듯 하면 된다고 생각했다. 그런데 그건 내 착각이었다. 어린이집은 때로는 엄마, 때로는 선생님으로 모든 역할을 수행해야 했다. 머리로는 이해되었으나 실상은 뜻대로 되지 않았다. 하지만 나는 끝까지 잘해보고 싶었다.

나는 아이를 키울 때 그야말로 마음대로 키웠다. 칭찬도 했고 매도 들었다. 그러나 어린이집은 달랐다. 그런 과정을 겪으며 내 아이들에게 참 미안한 생각이 들었다. 내 아이에게는 하지 못한 것을 다른 아이에게는 해야 한다는 것과 내 아이에게 어린이집 선생님처럼 훈육하지 않았던 것이 내내 마음에 걸렸다. 한 달 동안의 실습 기간 동안 나의 이중성에 죄책감이 들었다. 그러면서 선생님이 새삼 위대해보였다. 그런 생각으로 혼란을 겪으며 힘들었다. 나는 스스로에게 선생님 자격을 물어보았다. 마음에서 아니라고 외쳤다. 당시 주변의 지인에게 유치원 선생님을 한다고 이미 공표한 후라 걱정이 되었다. 그렇지만 억지춘향으로 맞지 않는 것을 할 수는 없었다. 나는 선생님을 하지 못할 것 같았다. 선생님이란 직업은 아무나 하는 게 아니었다.

나의 유치원 선생님 실습기는 기대와는 달리 그렇게 끝이 났다. 실습을 마친 뒤 1년 교육과정의 자격증을 손에 쥐었다. 돈 들여 공들여 배운 자격증이건만 활용할 수 없다는 오점을 남기고 말았다.

세상에 내가 다 잘할 수 있는 일은 없다

나는 내가 어떤 일이든 다 잘할 수 있다고 생각했다. 타인을 의식하긴 했지만 인테리어업을 할 때만 해도 자신감이 넘쳤다. 나는 일을 겁내지 않았다. 그래서 시작을 두려워하는 사람을 이해하지 못했다. 무엇이든 잘할 자신이 있었고, 다 할 수 있을 것 같았다. 세일즈 사업을 만나기 전까지는 그랬다. 그러나 세상에 내가 다 잘할 수 있는 일은 없었다.

　세상 모든 일은 인간관계로 이루어진다. 내가 겪은 세일즈 사업은 특히나 더 그랬다. 나는 항상 사람을 대할 때 마음으로 대했다. 그 덕분에 인간관계가 좋았다. 그것이 나의 철학이었고, 그것이 맞다고 생각했다. 그 탓인지 그동안의 인간관계가 세일즈 사업에서 한몫을 해주었다. 참 감사했다. 그런 경험 때문에 모든 일이 다 잘될 줄 알았다. 그러나 그 일은 마냥 인간관계가 좋다고 해서 되는 일은 아니었다. 그것에는 요령이 필요했다. 무턱대고 사람만 좋아서 되는 사업은 아니었다. 사람 마음이 내 마음대로 된다고 생각한 나의 큰 오산이었다. 사람의 마음을 움직여야 한다는 것은 나에게 큰 숙제였고 짐이었다. 한계가 느껴졌다. 모든 것을 다 잘할 수 있을 것 같았던 나의 열정은 점점 나를 더 힘들게 했다. 그 일에 최선을 다했지만 역부족이었다. 그런 일들이 수없이 반복되면서 나의 몸은 점점 시들어갔다. 그런 모습이 아이들에게 동정심을 일으키고 있었다.

　하루는 지친 몸으로 지방을 다녀와 아이들과 술을 한잔했다. 딸은 지친 나에게 아이 달래듯 이렇게 말했다.

　"엄마! 나는 엄마가 참 행복했으면 좋겠어. 그런데 엄마가 성공하려고 노력하는 모습은 참 좋은데 엄마가 하나도 행복해보이지 않아."

나는 그 순간 눈물이 핑 돌았다. 목에서 올라오는 울컥거림을 침으로 삼켜야 했다. 딸의 눈에 비친 엄마는 아등바등하는 모습이었다. 뻔히 내 마음을 알고 있는 딸에게 나는 아니라고, 엄마는 행복하다고 소리쳤다. 그렇게 강하게 부정했지만, 내 마음은 이미 거짓말을 하고 있었다. 어쩌면 딸에게 '그래, 엄마도 힘들어 죽겠어. 엄마도 겨우 버티고 있는 거야.'라고 말하고 싶었는지도 모른다.

나는 딸에게 뭐든 잘하는 엄마의 모습만 보여주고 싶었다. 하지만 내 모습을 그대로 보고 있는 딸에게 항복할 수밖에 없었다. 나는 그 일이 있고 내가 할 수 없는 일이 있다는 것을 인정했다. 내가 할 수 없는 일에 매달려 있는 것보다, 내가 할 수 있는 일에 집중하는 것이 내 몸도 마음도 행복할 수 있다.

나는 데일 카네기의 『인간관계론』을 통해 모든 사람이 나를 좋아한다는 것은 불가능한 일임을 알게 되었다. 그것은 욕심이었다. 일 또한 마찬가지였다. 절대적으로 내가 할 수 없는 일은 어마어마하게 많았다.

잘하려고 노력하지 않기로 했다. 잘하려고 하면 할수록 자신은 점점 힘들어지고, 자신을 궁지로 내모는 현상이 되었다. 내가 할 수 없는 일에 미련을 버리는 연습을 하기로 했다. 미련을 버리는 것이야말로 내가 할 수 있는 일이었다. 그것이 더 현명하다는 것을 깨닫게 되었다.

사람은 어떠한 일이든 그 일을 얼마만큼 가치 있게 생각하느냐에 따라 그 의미가 달라진다. 일의 가치 또한 내가 부여하고 내가 매기는 것이다.

나를 살린 문장들

『나는 단순하게 살기로 했다』
사사키 후미오, 비지니스북스

""생각하지마. 그냥 버려!" 화재로 전부 잃어버린 사람도 있는데 뭔가를 조금 버리는 일쯤은 아무것도 아니다. 자꾸 생각할수록 뇌는 버려선 안 될 이유와 단점을 끄집어낸다. 자신의 직감을 믿는 편이 깔끔하다."

– p.163

이 책을 읽고 물건을 버리듯 내가 할 수 없는 일에 미련을 버리게 되었다. 물건 또한 마음과 매한가지다. 내게 꼭 필요한 일은 내가 집중할 것이고, 그렇지 않은 일에 내 에너지를 낭비하지 말아야겠다는 다짐을 하게 했다.

6

때로는 지나칠 만큼 당당하게 행동한다

인간 최대의 승리는 내가 나를 이기는 것이다.

— 플라톤

오해와 정의 앞에서는 당당해야 한다

2008년 2월에 아버님은 작고하셨다. 아버님께서 세상을 떠나신 지 벌써 11년째다. 아버님은 친구분들과 함께 계신 자리에서 별세하셨다. 돌아가시기 10여 년 전쯤 심근경색으로 병원에 입원하셨고, 석 달 동안 치료하셨다. 아버님께서 입원해 계시는 동안 형님은 낮, 나는 밤, 이렇게 교대하며 간호를 했다. 아주버님과 남편은 주말로 당번을 섰다. 석달쯤 지났을 무렵 아버님은 병세가 호전되어 퇴원하실 수 있었다. 나는 아버님께 정성을 다했다. 아버님은 친정아버지처럼 편했고, 아버님도 막내며느리를 예뻐해주셨다. 형님은 형님대로 맏이 역할에 충실하셨다. 잡다한 것들은 모두 아주버님과 형님이 신경 써주었다. 그래서 막내인 남편과 나는 참 편했다. 그렇게 아버님은 건강한 몸으로 퇴원할 수 있었다. 퇴원 후 하루는 아버님이 형님께 이렇게 물으셨다.

"요즘 하루에 간병비가 얼마나 드냐?"
"글쎄요. 갑자기 그건 왜요 아버님? 한번 알아봐 드릴까요?"

그리고 얼마 뒤 아버님은 형님과 내 앞에 하얀 봉투를 내미셨다. 그 봉투 안에는 석 달치의 간병비가 들어 있었다. 아버님은 말씀하셨다.

"그동안 나를 간병한다고 애먹었다. 너희들 덕분에 내가 살았다. 고맙다."

아버님은 형님과 내가 고마우셨나보다. 이 광경을 지켜본 아주버님과 남편은 왜 우리는 없냐고 우스갯소리를 했다. 그러면서도 아주버님과 남편은 흐뭇한 미소를 잃지 않았다. 평소에 아버님은 말씀이 없으신 분이셨다. 아버님은 연세에 비해 참 현명하셨다. 아버님은 자식에게 늘 말없이 사랑을 베푸신 분이셨다. 그렇게 수술 후 10년 정도 더 사셨던 것 같다.

아버님이 돌아가시고 남편과 아주버님의 통화 중 오해를 사게 되는 사건을 겪었다. 오해의 내용이 자세하게는 기억나지 않지만, 아주버님께 서운해했던 기억이 난다. 우리는 진심으로 아버님께 정성을 다했다. 낮에는 인테리어 현장에서, 밤에는 아버님 병원에서 불철주야 하루하루 최선을 다했다. 몸과 마음은 힘들었지만, 그래도 아버님의 쾌차만 생각하며 간호했다. 그런데 남편과 아주버님과의 통화에서 남편이 나에게 잘못 전해줬든지 아니면 내가 격해져 오해를 했든지 서운했던 일이 있었던 것 같다. 통화가 있었던 그날 밤, 나는 맥주 한잔을 하며 남편에게 그 얘기를 들었다. 밤 11시였다. 나는 맥주를 마시다 말고 남편에게 아주버님댁으로 가자고 했다. 남편은 나를 만류했다. 술도 먹었고 시간도 너무 늦었고, 그 상황에, 그 시간에 아주버님댁으로 가는 건 무례라고 했다. 나는 그 순간 우리의 진심을 그대로 내버려둘 수 없었다. 그래서 끝내 고집을 피워 늦은 밤 11시에 아주버님댁으로 갔다.

갑작스러운 우리의 전화에 아주버님과 형님은 놀란 모습으로 우리를 맞았다. 나는 아주버님께 밤늦게 죄송하다고 말씀드렸다. 그리고 무례인 줄 알지만, 지금 오지 않으면 안 될 것 같아 왔다고 말씀드렸다. 그리고 낮에 있었던 통화 내용에 섭섭함을 말씀드렸다. 그랬더니 아주버님은 오해라고 하셨다. 그런 뜻이 아니었는데 재수씨가 오해한 것 같다고 하셨다. 다행히 그날 저녁 그렇게 아주버님과의 오해가 풀리고 난 후에야 웃으면서 집에 돌아올 수 있었다. 아주버님의 입장에서는 내가 당돌해 보였을지 모르겠지만, 나는 참 잘했다고 생각한다. 그렇게 하지 않고서는 마음이 불편해 아주버님을 뵐 수가 없을 것 같았기 때문이다.

간혹 살다 보면 나의 진심을 오해받을 때가 있다. 나는 그런 것에는 특히나 광분하는 경향이 있었다. 때로는 그런 일로 타인이 보기엔 지나칠 정도로 당당하게 행동했다. 내가 결혼 후 보았던 아주버님은 항상 책과 함께 하셨다. 형님 댁 책상 위에는 항상 책이 놓여 있었다. 지금도 그렇다. 그리고 형님은 간호사셨다. 그런데 가정에 충실하기 위해 맞벌이를 하지 않았다. 형님의 몸에는 알뜰함이 배어 있다. 성격도 좋아 타인과의 관계도 인정받으신다. 그래서인지 대외적으로 공사다망하다. 그런 환경에서 자란 조카들 또한 대기업에 취업했고 전문 직종에 종사하고 있다.

그날 나의 행동은 내가 결혼한 후 한 번도 보여주지 않았던 모습이다. 그래서 아마 아주버님과 형님은 놀라셨을 것이다. 나는 한 번씩 정의로움에 어긋나면 돌발 행동을 할 때가 있다. 그래서 나의 진심을 다르게 해석할 때는 나도 모르게 용감해진다. 아이러니하지만 나는 어떨 땐 지나칠 만큼 용감하고, 어떨 땐 자신도 이해 못할 만큼 주눅 들기도 했다.

나를 세상 어디에서든 당당할 수 있도록 만들어 주었다

나는 어릴 적부터 학업에 대한 콤플렉스가 있었다. 그래서 공부 잘하는 사람 앞에서는 늘 주눅이 들었다. 그것은 나의 직업에서 인정받는 것과는 또 다르게 느껴졌다. 인테리어 현장에서의 나는 여자라기보단 현장 실장이었다. 모두 나를 실장으로 인정했다. 나는 그곳에서만이 나의 미친 존재감을 느꼈다. 남자들이 수십 명씩 우글거리는 현장에서 나는 대장 노릇을 했다. 나와 남편은 현장 팀과 가족같이 지냈다. 서로가 인간적이었기에 나의 고집스러운 대장 노릇은 가능했다. 그래서 나는 현장에 있을 때 가장 멋졌다. 이것 또한 고집스러운 나를 늘 이해해주는 남편이 있어 가능했다. 그리고 함께 뒹굴었던 현장 분들께 평생 고마움을 느낄 만큼 그들도 나를 지지해주었다.

인테리어를 할 때의 일이다. 인터넷을 통해 인테리어 문의가 왔다. 현장은 주택이며 의성이었다. 견적 상담 후 공사는 일사천리로 진행됐다. 한 달가량을 대구와 의성을 오가며 우리는 최선을 다했다. 그러나 중간중간 고객은 눈높이가 높아져 자꾸 요구사항이 늘어갔다. 처음에는 요구사항대로 수정을 했었다. 그러나 시간이 지날수록 도를 넘어서는 것이었다. 하지만 참고 일을 해야 했다. 그러나 끝내 마무리 과정을 두고 묵혀왔던 감정이 터지고 말았다. 고객과의 계약에서 요구사항을 명확하게 하지 않은 우리에게도 책임은 있었다. 나와 남편은 어른에 대한 공경심만큼은 타의 추종을 불허한다. 하지만 그때는 어른도 어른 나름이었다. 나이만 믿고 연륜이 있다고 생각한 우리의 잘못이었다. 나는 어른과 맞짱을 떴다. 진심을 몰라주는 고객에게 그렇게 서운할 수가 없었다. 최선을 다해 일했기에 일에 대해선 누구 못지 않게 넘칠 만큼 당당할 수 있었다.

공사는 좋게 마무리되었지만, 실컷 고생한 보람도 없이 허탈했던 기억이 난다. 사람들은 착한 사람을 만만하게 본다. 거칠게 행동하지 않으면 아주 쉽게 본다. 특히나 현장 일을 하는 곳은 더 그렇다. 그래서 대한민국은 목소리 큰 놈이 이긴다는 말이 나오기도 한다. 그리고 특히 직업 특성상 여자라고 우습게 보는 경향도 많았다.

사람은 태어나면서 자기만의 재능을 가진다. 그것의 가치를 아는 사람이 있는가 하면 모르는 사람도 있다. 나는 모르는 사람 중의 하나였다. 나의 재능을 너무 가치없게 생각했고 너무 몰랐다. 남들은 나를 전문가로 인정했지만 나는 그것을 부정했고 욕심을 부렸다. 참 어리석은 짓이었다.

나는 모든 곳에서 당당하지는 못했다. 그 이유는 내가 가진 콤플렉스 때문이었다. 그래서 늘 당당하려고 바둥거렸다. 책이란 도구는, 세상 어디서든 자신으로부터, 타인으로부터 나를 당당하게 만들어주었다. 책은 나를 나로 설 수 있게 해준 유일한 천군만마였다.

나를 살린 문장들

『나는 눈치 보지 않고 당당하게 살기로 했다』
강상구, 메이트북스

"마음속의 세상과 현실은 다르지만 내 마음속의 세상인데 누가 내 세상에 돌을 던지겠는가. 세상은 내 마음대로 되지는 않지만 그래도 내 세상은 내 마음대로 만들어야 하지 않겠는가. 내 마음속의 세상이 어떤 세상이건 그것이 내 세상이기에, 내가 만든 세상이기에 내 마음속에 있는 세상을 당당하게 생각하자."

– p.74~75

책은 콤플렉스로 인해 스스로에게 한없이 나약했던 나를 세상에 당당하게 맞설 수 있게 해주었다.

7

나의 가치는 세상이 아니라 내가 정한다

의미, 가치, 재미는 모두에게 공평하게 주어진 것이 아니라 스스로 찾아내는 것.

— 공병호

나를 지키는 것이 곧 남도 지키는 것이다

가치란 무엇일까? "사물이 지니고 있는 쓸모." 사전에서 나오는 가치에 대한 정의다. 가치는 어떻게 매겨지는 걸까? 사실 한번도 생각해본적이 없다. 내가 알고 있는 가치는 유명인들이나 연예인에게 매겨지는 몸값 정도로 이해했다. 소위 말하는 연예인의 몸값은 자신의 이미지 관리에 따라 달라진다. 그 또한 자신이 만든 결과물에 따라서 말이다.

가치는 누가 정하는 걸까? 만약 정했다면 그 가치를 지켜나가기 위해어떤 노력을 해야 할까? 그리고 그것을 어떻게 실천해야 할까?

사실 나는 가치란 단어와 거리가 먼 존재였다. 어릴 적부터 남에게 싫은 소리 못했고 늘 참는 게 미덕이라 배웠다. 그것이 겸손인 줄 알았다. 그래서 누구에게도 대꾸하지 않고 그저 착하게만 자라왔다. 참는 게 익숙했던 나는 사회에 나와서도 모든 일에 늘 양보했다. 엄마는 항상 아래를 보고 살라고 했다. 아래를 보고 살아야 지금의 환경에 감사할 수 있다면서 말이다. 그리고 착하게 살면 복을 받는다고 했다. 그래, 엄마 말이 틀리지는 않았다. 그러나 세상은 달랐다. 엄마도 몰랐던 핵심이 있었다. 착한 것에만 집중한 나머지 나를 지켜야한다는 것을 몰랐다. 나는 나를 지켜내는 것이 곧 남도 지키는 것이란 것을 알았어야 했다. 지금껏 나 하나도 지키지 못하면서 남을 지키느라 너무 힘들었다. 누가 시켜서 그런 것도 아니다. 그렇게 살아야 되는 줄 알았다. 늘 그렇게 사는 통에 나의 존재 따위는 어디에도 없었다. 거기에다 먹고 사는 문제까지 겹치니 나라는 존재를 느낄 여유조차 없었다. 날이 갈수록 내 삶은 점점 지쳐갔다. 숨구멍 하나 없는 환경에서 가쁜 숨을 몰아쉬며 살아야 했다.

그러던 어느 날 지친 내 몸은 자연의 섭리를 따르는 듯했다. 쉼을 재촉하는 병마가 찾아온 후에야 나는 달리는 것을 멈췄다. 비로소 내가 보이기 시작했고, 나라는 사람, 나라는 존재, 나의 소중함 등 서서히 나는 나를 인식하며 편히 누일 수 있었다. 그리고 나에 대해 깊이 생각했다. 나는 어떤 사람인지, 나는 어떤 존재인지.

'남들도 이렇게 살아가려니.' 하며 살아왔다. 그러나 한 가지 의문은 있었다. 나는 왜 이렇게 상처받고 살지? 왜 나만 이렇게 상처받지? 왜 나만 늘 참아야 하지? 왜 나만 늘 착해야 하지? 온갖 의문 속에서 '왜? 왜? 왜?'가 거듭되었다.

나는 지금까지 온전히 나를 위해 살지 않았던 거였다. 이미 타인에게 초점이 맞춰진 삶이 뿌리 깊이 박혀 있었다. 그것 때문에 밀려오는 허무함은 오롯이 나 혼자 감수해야 했다. 그러나 더 힘든 것은, 현실적인 문제 앞에서는 그 허무함마저도 사치였다. 나는 이 모든 것을 현실과 싸워야 했다.

사람은 한번쯤 아파봐야 성장하는 것 같다. 정신적이든 육체적이든 아픔을 겪고 나면 인생 별것 아니라는 생각을 하게 되는 것 같다. 내가 살면서 혼자 잘해주고 혼자 상처받았던 그 의문의 답은 내 마음속에 있었다. 우리가 살면서 알아가야 할 것중 가장 중요한 것은 자기 자신이다. 다른 사람은 그 다음이다.

누구의 탓도 아닌 내 탓이다

세일즈 사업을 할 때였다. 나는 지인 C를 통해 자신을 지켜나가는 모습을 보게 되었다. 어느 날 행사 프로젝트를 같이 할 때였다. 그 프로젝트는 다섯 팀이 각각의 책임자를 두고 함께하는 프로젝트였다. C는 우리

팀의 행사 책임자였다. 함께 행사를 진행하던 중 문제가 생겼다. 각 팀의 책임자들이 모여 회의를 했다. 나는 책임자는 아니었지만 함께 작업하는 팀원으로서 회의에 참석하게 되었다. C는 문제의 핵심을 잘 파악했다. 그리고 해결해나가려고 애를 썼다. 다섯 팀은 연령대가 다양했기에 이견이 많았다. 결론부터 말하자면 프로젝트는 빛도 보지 못하고 무산되었다. 각기 다른 성향이 모이다 보니 이견이 있는 것은 당연했다. 그러나 그 책임을 한 사람에게 지목해서 전가시키는 것은 옳지 않아보였다. 그 전가의 대상은 C였다. 다른 팀들은 C에게 책임을 전가하며 공격했다. 별의별 말로 C와 나를 괴롭혔다. 그러나 C와 나는 책임자로서 역할을 다했기에 그들 앞에 떳떳할 수가 있었다. 그런 떳떳함이 그들을 더 광분하게 했다.

그럼에도 C는 자신의 뜻을 굽히지 않았다. 고집이 아니었다. 자신의 뜻을 존중하는 것이었다. 타인의 시선은 중요하지 않았다. C를 향한 과한 요구는 무리라는 뜻을 분명히 밝혔다. C의 주장은 충분히 논리가 있었고 명확했다. 그렇게 일이 불거지자 나는 C에게 상대방 의견을 수긍해 조율해보는 것이 어떻겠냐고 말했다. 그리고 사과의 뜻을 먼저 비추자고 했다. 나는 우리가 잘못은 하지 않았지만 먼저 사과하면 일이 빨리 마무리 될 것 같아서였다. 그랬더니 C는 나에게 되레 질책했다. C는 본인은 상대의 뜻을 충분히 존중하고 인정해주었기 때문에 사과할 이유가 없다며 분명하게 말했다. 그리고 자신의 의견을 계속 주장했다. 나는 그 말에 더는 말하지 못했다. C는 그것이 자신을 지키는 정당함이었다. 내가 사과의 뜻을 먼저 제안하긴 했지만, 내가 봐도 상대는 용납할 수 없는 사과를 요구하고 있었다. 누가 봐도 부당한 논리였다. 그리고 내가 지켜본 평소의 C는 타당하고 합당하면 언제든지 수긍하는 사람이었다. 어쨌든 일은 잘 마무리가 되었고 큰 문제 없이 해결되었다.

만약 나라면 어땠을까? 나는 설령 내 의견이 맞는다고 해도 상대의 주장에 수긍했을 것 같다. 일의 수습을 위해 분명 먼저 사과했을 것이고, 논리적이고 명확하게 설명하기보다는 두루뭉술하게 대처했을 것이다. 그리고 상대 의견을 지켜주느라 내 의견 따위는 무시했을 것이다. 합리적인 일의 처리가 목적이 아니고 일단락시키는 것이 목적이었을 테니까 말이다. 만약 나처럼 그렇게 일을 처리했다면 다른 사람들이 나라는 존재를 어떻게 생각했을까? 나를 어떻게 해석했을까? 그동안 나는 나를 스스로 하대했다. 그것을 양보라고 착각하면서 말이다. 나는 그렇게 당연하게 여기며 살아왔다.

영국의 비평가이자 수필가인 윌리엄 해즐릿은 말했다.

"자기 자신을 싸구려 취급하는 사람은 타인에게도 싸구려 취급을 받을 것이다."

나의 정곡을 찌르는 말이다. 나는 나를 정말 하찮게 취급했었다. 스스로가 자신을 낮게 평가하면 타인도 나를 낮게 평가한다. 합당하든 합당하지 않든 나는 나를 먼저 생각하기보다는 일을 수습하겠다는 핑계로 나란 존재를 하찮게 생각했다.

나는 어찌 보면 그렇게 교육받았다는 이유를 핑계로 지금까지 자신에게 무책임하게 행동했다. 그렇게 교육받았다고 해서 모두가 그런 것은 아닌데 말이다. 나의 주변 사람들은 나를 보고 겸손하다, 예의 바르다, 착하다고 말한다. 뭐든 거절하는 법이 없었으니까. 나는 타인에게 착하게 보이기 위해 나의 아픔쯤은 외면했다. 나에게 세상의 잣대는 나의 자존감을 갉아 먹는 벌레였다. 이 또한 누구의 탓도 아닌 내 탓이었다. 더는 세상의 잣대로 나를 측정하지 않기로 했다. 나의 가치는 내가 정하기로 했다. 나를 위해 더 열심히 살기로 했다. 그리고 잘하려고 하지 않기로 했다.

책은 나를 싸구려에서 벗어나게 해주었다. 그리고 내 인생의 소중한 의미를 알려주었다. 내 상처의 응어리를 씻어주고, 새살을 돋게 했다. 나를 하찮게 여겼던 지난날을 반성하게 했다. 책은 나의 가치를 스스로 정하도록 물고기 잡는 법을 가르쳐준 스승이었다.

나는 책을 통해 나만의 삶의 기준을 만들 수 있었다. 그 중심에는 '나'라는 핵이 있었다. 있는 그대로의 내 모습을 인정하고 사랑하는 것이 내 삶의 잣대가 되었다. 나의 가치는 내가 형성하는 것이고, 그 무엇도 나를 대신할 수 없다. 내 인생은 내 것이니까.

나를 살린 문장들
─────────

『가치 있어야 같이 간다』
이재성, 바른북스

"기적은 멀리 있는 게 아니었어요. 즐겁게 살자는 기적적인 생각은 바로 내 안에 있었더라고요. 난 단지 내안에 있던 기적을 꺼냈을 뿐이에요! (중략) 누구에게나 기적은 있다. 단지 내 안의 기적을 꺼내 나의 가치를 올리는 데 활용할 수 있느냐 없느냐의 능력 차이가 있을 뿐이다."

— p.186

나의 가치를 모르고 살았을 때도, 나의 가치를 안 지금도 세상은 변하지 않았다. 모든 것은 내 안에, 내 마음속에서 피어난다는 것을 다시 입증했다.

『독서는 절대 나를 배신하지 않는다』
사이토 다카시, 걷는 나무

"자꾸 똑같은 실수를 하면서 나는 이 정도밖에 안 되는 인간이라며 스스로를 비하할 때가 있다면, 내 마음대로 되지 않는 인간관계 때문에 괴로워하고 있다면, 크고 작은 실패로 자신감을 잃고 방황하고 있다면 망설이지 말고 책을 읽길 바란다"

- 9쪽

이 책은 우연히 타인의 인스타를 통해 알게 된 책이다. 나도 과연 책을 읽으면 변할 수 있을까? 라고 반문하고 있을 때 명쾌한 해답을 준 책이다. 왜 책을 읽어야 하는지, 책을 읽으면 어떤 변화가 오는지를 말해준다. 삶의 위기에 흔들리지 않고 현명하게 대처할 수 있는 지혜는 책에서 나온다고 말하고 있다. 이 저자를 만나고 싶을 정도로 감동한 책이다.

이 책 제목대로 독서는 절대로 나를 배신하지 않았다.
독서가 자신의 인생에 어떤 영향을 미치는지에 대해 담백, 명료하게 써놓은 책이다. 책을 왜 읽는지 이유를 모르겠다는 사람에게 특히 권할 만하다.

3장

남의 기분이
아니라 내 감정에
충실할 수 있다

1

남을 배려하느라 괜찮은 척하지 않는다

진정으로 당신의 삶을 바꾸고 싶거든 당신을 에워싼 것부터 바꿔라.

– 앤드류 매튜스

힘듦을 자초하는 삶을 살아왔다

나의 친정엄마는 포항에 사신다. 얼마 전 친정엄마가 다치셨다. 혼자 방에서 일어나다 넘어져 골절상을 당했다. 작은언니가 포항에 있어서 엄마의 보호자 역할을 하느라 고생이 많았다. 엄마는 젊었을 때부터 오랫동안 장사를 한 탓에, 고생의 흔적으로 앙상한 몸만 남았다. 엄마를 볼 때마다 마음이 아프다. 엄마는 수치상 치매 증상을 보여 요양보호사의 보호를 받는다. 골절상으로 다치기 전까지는 건강이 괜찮아서 요양보호사가 잠시 집에 오지 않았다. 그렇게 잠깐 혼자 계시다가 넘어지셨다. 이후 엄마는 입원과 퇴원을 반복해야했다.

퇴원 후 엄마는 언니 집에 있으며 언니의 보호를 받았다. 엄마는 보호자 역할을 하는 작은언니에게 늘 미안해한다. 심신이 모두 아픈 엄마는, 오빠가 7년 전 돌아가시고 오빠의 흔적이 있는 대구를 떠나고 싶어 했다. 그래서 포항에 있던 언니가 그곳으로 모시고 갔다. 그런 엄마의 마음을 헤아려주느라 우리는 늘 애가 쓰인다. 특히 포항에 있는 작은언니가 제일 고생이 많다. 엄마는 딸들에게 애먹여서 미안하다는 말을 입에 달고 사신다. 편찮은 엄마를 보면 안쓰럽고 마음 아프다. 하지만 딸들이 하지 말라는 것만 하시니 애증이 솟구친다. 나이가 드니 딸과 엄마의 위치가 바뀌는 것 같다. 지금은 되려 우리가 엄마가 되었다.

엄마는 평소에 본인이 불편하고 아픈 게 있어도 늘 괜찮다고 하셨다. 집에 방문하는 요양보호사는 엄마의 성향을 파악했는지 힘든 일은 하지 않을 때도 있었다. 그럴 때도 엄마는 요양보호사를 배려하느라 보호사가 할 일을 엄마가 하기도 했다. 요양보호사도 모두가 그런 것은 아니겠지만, 본연의 임무가 있음에도 꾀를 부렸다. 비단 요양보호사만 탓할 게 아니었다. 엄마는 뭐가 됐든 늘 괜찮다며 요양보호사의 눈치를 보고 있었다. 엄마는 늘 '그냥 됐다'고 말하는 습관이 입에 배어 있다. 평생을 그렇게 사셨으니 습관을 바꾸는 것 또한 쉬운 문제는 아니었다. 엄마는 젊었을 때도 그랬다. 항상 타인의 눈치를 보며 으레 괜찮다고 했다. 그러면서 남 생각하느라, 정작 남이 해도 되는 일도 본인이 했다. 그 또한도 자신이 자초한 일이었다. 엄마는 항상 상대에 대한 배려를 '내가 조금 손해 보고 말지.'라고 말했다.

나는 엄마를 꼭 빼닮았다. 나도 괜찮다는 말과 행동이 온몸에 배어 있다. 뭐든 엄마처럼 괜찮다고 한다. 그러나 나는 절대 괜찮지 않았다. 나또한 타인을 위한답시고 힘든 삶을 자초하며 살아왔다. 지금도 우리 엄마는 그렇게 살아온 자신의 삶을 한탄하신다. 그 모습을 보고 있노라면 마음이 아프면서도 본인 탓이려니 하면서 지켜볼 뿐이다.

막 대해야 할 사람은 단 한 명도 없다

피부관리실을 할 때의 일이다. 피부관리를 받으러 온 부부 고객이 있었다. 그 부부는 매주 빼놓지 않고 같이 왔다. 금실이 좋아보였다. 그날도 어김없이 고객을 나란히 누인 뒤 관리에 들어갔다. 양쪽을 번갈아 바삐 움직이며 정성껏 관리했다. 얼굴에 팩을 올려놓은 후 한숨을 돌리며, 두 부부에게 손 마사지를 서비스로 해주었다. 여자 고객에 이어 남자 고객에게 손 마사지를 할 때였다. 두 고객의 얼굴에는 팩을 올려놓아서 눈을 뜰 수 없는 상황이었다. 남자 고객은 팩을 한 채로 손 마사지하는 내 손을 꽉 잡고는 놓지 않았다. 그리고는 씩 웃고 있었다. 말 없는 정적 속에서 난감한 상황이었다. 남자 고객의 부인은 바로 옆에서 편안히 잠들어 있었다. 나는 억지로 손을 빼고는 하던 마사지를 계속했다. 정말 기분

나쁘고 찜찜했다. 그래도 내색하면 안 될 것 같아 꾹 참았다. 관리가 끝나고 부부는 웃음을 보이며 고맙다고 했다. 나는 부부를 보내고 난 후 비누로 손을 바락바락 씻었다. 정말 기분이 더러웠다.

나에게는 기억하기 싫은 아픈 상처가 하나 있다. 초등학교 4학년 때의 일이다. 우리 집과 불과 얼마 떨어지지 않은 곳에 사촌오빠가 살았다. 지금 생각하니 오빠는 30대였던 것 같다. 나는 오빠 집에 아기가 있어 자주 놀러 갔다. 그리고 오빠도 나를 예뻐했다. 어느 날 오빠 집에 놀러 갔는데 아무도 없었고 오빠만 있었다. 그래서 나는 집에 오려고 했다. 그러나 오빠가 나를 보내주지 않았다. 그리고 오빠는 나에게 몹쓸 짓을 했다. 기억을 더듬으면 성추행이다. 나의 중요 부위에 손이 들어왔고 바퀴벌레가 온몸을 뒤덮고 스멀스멀 기어오르는 더러운 고통을 느꼈다. 하지만 나는 반항하지 못했다. 그냥 어른의 말을 잘 들어야 할 것만 같았다. 그냥 집에 갔으면 됐는데 가지 못한 내 잘못인 것 같았다. 수치심을 느꼈다. 그때의 상황은 생각만 해도 소름이 끼친다. 나는 그때도 괜찮은 척해야 했다. 오빠가 가만히 있으라고 하면 가만히 있어야 했다. 싫으면 싫다고 소리 한번 지르지 못했다. 그렇게 무서움도 참아야 했다.

나는 그날 이후로 어른들 앞에서는 더 착한 아이가 된 것 같다. 나는 집에 와서 엄마에게 울면서 말했다. 그런데 엄마는 나를 달래기만 했다. 오빠에게 따지지도 않았다. 오빠에게 노발대발하며 난리도 치지 않았다. 그리고 그 일은 그렇게 끝나버렸다. 그리곤 나만 대수롭지 않은 상처로 남게 되었다. 엄마는 그 일마저도 남을 배려하는 듯 했다. 나는 정말이지 기억하고 싶지 않은 상처였다. 그 상처를 나는 평생 가슴에 안고 살았다. 그런 일은 남을 배려하면 안 된다. 그 일은 괜찮은 척하면 안 된다. 그 일로 딸은 평생 가슴에 상처가 남아 있다. 그 일은 나의 기억 속에서 절대 지워지지 않았다. 지금도 그때만 기억하면 온몸에 바퀴벌레가 기어다니는 것 같다.

피부관리실 남자도 그랬고, 사촌오빠도 그랬다. 그들 속에 나란 존재는 안중에도 없었다. 그들은 자신들의 욕구대로만 했다. 자신들의 사리사욕만 채울 뿐이었다. 엄마는 요양보호사를 위해 배려했고, 나는 타인을 위해 배려했다. 어떠한 상황에도 나는 괜찮아야 했다. 모두가 괜찮다고 했던 나의 잘못이었다. 그러나 이제는 그러면 안 된다. 나는 나를 위해 그렇게 살지 않기로 했다.

내가 자라면서 배우지 못한 것이 하나 있다면 자신을 보호하고 사랑하는 것이었다. 성인이 되어서도 늦게 깨달은 것이 있다면 자신에 대한 관심과 배려와 관용이었다.

자존감은 어릴 적부터 사랑과 존중 속에서 자연히 생겨난다. 나는 어릴 적부터 표현하는 것에 익숙하지 않았다. 아프면 아프다, 싫으면 싫다고 표현했어야 했다. 아닌 건 아니라고 분명하게 자신의 의사를 밝혀야 했다. 내가 상대에게 정확한 표현을 하지 않았으니, 상대는 나를 아무렇게나 대해도 된다고 생각했다. 나의 불찰이었다. 세상에서 막 대해야 할 사람은 단 한 명도 없다. 그런 대접을 받을 것이냐 말 것이냐를 선택하는 건 나의 몫이었다.

남을 배려하느라 괜찮은 척하지 않기로 했다. 남이 나를 함부로 대하도록 내버려두지 않기로 했다. 나를 보살필 사람은 누가 뭐라고 해도 나밖에 없다. 나는 이 지구상에서 단 하나뿐인 존재이기 때문이다. 나는 나의 부모로부터 물려받은 자신이라는 보물을 꼭, 반드시 보호해야 할 의무가 있다. 그것이 내가 세상에 태어난 이유였다.

나를 살린 문장들

『나는 왜 작은 일에도 상처받을까』
다장쥔궈, 비지니스북스

"적절한 희생과 양보는 미덕으로 여겨지지만 이 세상에 자기 삶을 포기하면서까지 도와야 하는 사람이나 일은 없다. 그런데도 타인의 마음 아래 엎드린 채 눈치를 살피며 환심을 사려는 행동을 멈추지 않는다면, 그 대가는 자기희생뿐이다. 타인에 의해, 그리고 자의에 의해 암묵적이고 습관적으로 강요되는 영원한 자기희생말이다. 당신은 소중한 사람이다. 다른 이를 위해 너무 많이 베풀기보다 스스로를 위해 베풀어라."

– p.52~53

2

지금 내가 느끼는 감정에 솔직해졌다

자신의 능력을 감추지 마라. 재능은 쓰라고 주어진 것이다.
그늘 속의 해시계가 무슨 소용이랴.

— 벤자민 프랭클린

솔직하게 이야기했더라면

2014년 여름을 지나 가을이 접어들 때쯤이다. 세일즈 사업을 한참 하던 때 전국을 돌아다니며 비즈니스 파트너를 만났다. 내가 했던 팀에는 좋은 사람들이 참 많았다. 서로의 꿈을 외치며 열렬히 응원했다. 나는 그일이 나를 부자로 만들어줄 것 같았다. 그리고 금방 꿈을 이룰 수 있을 것 같았다. 나는 꿈을 이루기 위해 미친 듯이 노력했다. 그런데 그건 시작에 불과했다. 사회 어느곳이든 마찬가지겠지만, 그곳 또한 강자 독식의 세계였다. 나는 나의 능력에 한계를 느껴야 했다.

나와 세일즈 사업을 함께한 B가 있었다. 그곳에서 B는 자신의 위치를 최대한 활용했다. 세일즈 사업은 치열한 비즈니스 전쟁터였다. 그리고 그들만의 리그가 있었다. 세일즈 사업은 시스템이 있었고, 협력자 관계가 형성되어 있었다. 이 모든 것이 인간관계로 이루어진 사업이다 보니 불협화음이 많았다. 처음은 나와 B도 잘해보고자 하는 마음이 컸기 때문에 시스템에 잘 따랐다. 그리고 같은 목표와 같은 마음으로 희로애락을 즐겼다. 그러나 시간이 흐르자 마음만큼 잘 되지 않았다. 그러면서 점점 서로에 대한 불만이 생기기 시작했다.

나는 B와 부딪힘이 잦아지면서 B와 함께하는 것이 힘들었다. 그곳을 탈피하고 싶을 정도였다. 그래서 나는 B를 피할 방안이 필요했다. 나는 B와 부딪히지 않기 위해 이직을 선택해야 했다. 그런데 나의 이직 사실을 B가 알게 되면서 B는 광분했고, 끝내 일을 저지르고 말았다. B는 몇몇의 사람을 모아놓고 그 자리에 나를 불러 취조하듯 추궁했다. 나는 몇 시간 동안이나 나를 몰아붙이는 그런 상황을 도저히 참을 수가 없었다. 쥐도 궁지로 몰면 고양이를 무는 법이다. 그렇지 않아도 힘들었는데 잘 되었다 싶었다. 안 그래도 B와의 관계에서 신물이 났던 참이었다. 나는 B가 보란 듯이 그 자리를 박차고 나와 버렸다.

그 일이 있은 후로 나는 지금까지도 B와 만남이 없는 상태가 되었다.

참 안타까운 사건이었다. 그때 나는 B가 너무 원망스러웠고, 용서가 되지 않았다. 그때의 심한 모욕감은 떨쳐 버릴 수가 없었다. 이유야 어찌됐든 그 일 덕분에 나는 그곳을 탈피할 수 있었다. 정혜신의 『당신이 옳다』에서 저자는 "어떠한 상황이든 상황은 공감되지만 행동까지 공감되는 것은 아니다."라고 말했다. 저자의 말처럼 B의 입장에서 상황은 이해가 되고 공감되지만, 사건을 주도한 자체는 잘한 일은 아니었다. 당시에는 정말 이해되지 않았다.

그러나 시간이 흐른 지금. 그 상황에서 어떻게든 해보려고 악다구니 썼던 B가 불쌍하다는 생각도 들었다. 돌이켜보면 B의 입장에선 한마디 말도 없이 일을 처리한 나에게 서운했을 것 같다. 나의 상황을 B에게 솔직하게 말하고 의논했더라면, 과연 B는 나에게 그런 행동을 했을까?
나의 솔직하지 못한 감정이 B와 나를 동시에 내몰았던 건 아닐까?

자신의 감정을 표현하는 연습을 해야 한다
B와 같이하던 일을 그만두기 몇 개월 전의 일이다. 나는 B와의 관계에서 죽을 만큼 힘들었고, 내 감정에 솔직하지 못해 혼자 속앓이를 해야 했다. 그렇게 스트레스를 안고 있던 어느날, 만사를 제치고 남해대교로 갑작스런 여행을 떠났다. 그렇게 떠난 여행은 가족과의 여행도 아니고 친구와의 여행도 아니었다. 혼자만의 여행이었다. 당일 아침 그동안 눌러

왔던 나의 감정과 상태를 남편에게 말했다. 그리고 혼자의 여행이 필요한 이유를 설명했다. 남편도 갑작스러운 일이라 당황스러워했다. 나는 간곡히 부탁했고 남편의 허락을 받은 후 여행을 떠났다. 그때 내가 여행을 선택하지 않았다면 아마도 나는 지금 정신병원에 있을지도 모르겠다. 그렇게 떠난 여행은 고생한 나에게 준 보상이었다. 내가 남해대교를 여행지로 선택한 이유는 당시 JTBC TV 프로그램에 〈고봉순〉이라는 드라마가 있었다. 그 드라마의 배경이 남해였다. 문득 그 드라마가 생각났다. 그래서 나는 아무도 방해받지 않는 나만의 세상을 만나러 곧장 남해대교로 달렸다. 갑작스럽게 떠난 남해란 곳은 그때가 난생처음이었다. 차안에서 2시간 반을 달리는 내내 울었다. 가슴속에서 폭포수가 터지는 듯했다. 차 안에서 울려 퍼지는 음악과 함께 울음은 폭발했다. 남해대교에 도착하기 직전 멀리서 보이는 바다는 나의 가슴속을 더더욱 요동치게 했다. 폭발할 정도의 울음을 그치고 나니 가슴속이 후련해졌다. 나는 남해대교가 보이는 한적한 음식점에서 늦은 점심을 먹었다. 그제야 숙소를 정하지 않은 게 생각났다.

나는 인터넷 블로그를 통해 게스트하우스를 찾았다. 저녁 무렵 숙소에 도착했다. 게스트하우스에는 혼자 여행 온 사람들이 의외로 많았다. 미국에서 온 사람, 친구들끼리 온 사람 그리고 결혼하기 전 마지막 여행이라 생각하고 온 선생님까지 다양한 사람들이 있었다. 그곳에 나도 있었다. 밤이 되자 낯선 사람들과 혼자 여행 오게 된 이야기를 나누며 인사를 했다. 다음날 아침, 저녁에 만날 것을 약속하고 각자의 여행을 떠났다. 나는 독일마을과 다랭이 마을, 미국마을, 박원숙 카페, 보리암을 비롯해 몇 군데 더 갔던 것 같다. 눈 앞에 펼쳐진 바다는 내 가슴을 뻥 뚫어주었다. 그동안의 스트레스를 바다가 모두 가져가는 것 같았다. 멋진 바다가 보이는 '박원숙 카페'에서 차 한잔을 하며 지나온 시간을 돌이켜 보았다. 보리암을 들러 백팔배를 하면서 부처님께도 물었다.

'부처님 내가 그토록 바라던 성공이 이건가요?'
'나와 가족을 위해 이 길을 계속 가야 하나요?'

부처님은 말없이 빙그레 웃는 듯했다.

'그 답은 네가 알고 있지 않으냐?'

그렇게 2박 3일의 나홀로 여행은 지금도 가슴속에 잊지 못할 추억으로 남아 있다. 힘든 일이 있을 때마다 그때를 생각하며 버텼다. 나홀로 여행을 통해 나만의 시간을 가질 수 있었고, 나를 돌아보게 되었다. 그리고 그 일을 계기로 세상 어떤 일이든 사람이 중심이 되어야 한다는 가치관은 더 확고해졌다. 남해 여행은 내 인생의 반환점이 되었다.

나는 평소 감정에 솔직하지 못했고 감정을 쌓아두었다. 그렇게 쌓였던 감정은 조그만 일에도 신경질적이며 격하게 반응했다. 그리고 느닷없이 나도 모르게 표출되었다. 나의 이런 습관은 결국 타인과의 관계에서도 큰 오점을 남겼다. 그리고 B와의 그 사건 또한 서로가 서로를 불신하는 결과를 낳았다. 결론적으로 솔직하지 못한 나의 감정이 좋은 인간관계 형성에 도움이 되지 못했다.

나를 위해 상대를 위해 감정을 억압하지도, 쌓아두지도 말자.
나는 나의 감정에 솔직해지기로 했다.
나는 감정을 표현하는 연습을 하기로 했다.
내 마음속 공간에 더 많은 것들을 수용하기 위해 그렇게 하기로 했다.

세상은 인간관계로 이루어진다. 그 중심은 사람이다. 그것은 변하지 않는 진실이다. 솔직한 감정표현은 나를 표현하는 수단이다. 나의 마음속에 감정을 쌓는 대신 포용력을 하나씩 쌓아보자. 나의 마음도, 타인의 마음도 내가 마음먹기에 달려 있기 때문이다.

『나를 소중히 여기는 것에서 인간관계는 시작된다』
다카노 마사지, 가나출판사

"아무리 심한 말이라도 삼키지 말고 자신이 느끼는 대로 마음껏 소리 내서 본심을 털어내자. 단, 자신이 가지고 있는 다양한 감정의 동선을 살피고 있는 '관찰하는 자신'도 마음 어딘가로 의식하자. 그러면 만약 격한 감정이 끓어올랐다 해도 그 감정에 그대로 휘말리는 일은 없을 것이다."

– p.220

감정을 숨겨야 미덕이라고 교육받은 세대여서, 참는 것이 습관이 되었다. 자신을 위해 감정을 솔직하게 표현하는 연습을 반복적으로 하며 변화되고 있다.

3

착하게 살아야 한다는 강박관념에서 벗어났다

꿈과 목표, 그리고 자신의 신념을 실현하는 유일한 방법은 행동이다.

― 피터 드러커

칭찬 듣기 위해 자신을 옭아매지 말자

착한 사람 = 호구

위의 수식어에 대해 어떻게 생각하는가? 지금까지 나의 경험으로는 100% 맞다. 아마도 이 말에 긍정하는 사람도 부정하는 사람도 있을 것이다. 그 뜻은 내가 어떻게 처신하느냐에 따라 때로는 착한 사람도 되고, 때로는 호구가 될 테니까.

내가 아는 C는 남편과 사별한 지 20년이 훌쩍 넘었다. C는 친척의 사무실에서 근무하며, 아이 둘을 멋지게 잘 키우고 있다. C는 활달한 성격인 데다 참 착했다. 남편과 사별한 지 오래됐지만 시댁에도 참 잘했다. 하지만 가끔 시댁 소식을 전할 때마다 시댁의 처신에 매번 불만을 토로했다. 그렇게 시댁에 대한 불만이 있음에도 시댁의 부당한 요구에 내색하지 않았다. 그저 참는 듯했다. 어쩌다 듣는 나도 화날 때가 있었는데 C는 그렇게 말로 푸념하며 삭이는 듯 했다. 옆에서 지켜본 바로는 본인의 상처는 아무렇지도 않게 삼키는 듯 보였다.

C 또한 나처럼 착하게 살아야 한다는 강박관념이 있었다. 나도 C처럼 늘 착해야 한다고 생각했다. 착하지 않으면 왠지 불안했다. 그렇게 나는 착하게 살아야 한다는 강박관념에 익숙해져 있었다.

"착한 아이 증후군이란? 부정적인 정서나 감정들을 숨기고 타인의 말에 무조건적으로 순응하면서 착한 아이가 되려고 하는 경향을 의미하는 용어이다. 부정적이라고 생각되는 생각이나 정서들을 감추고 부모나 타인의 기대에 순응하는 착한 아이가 되고자 하는 아동의 심리 상태를 지칭하며, 성인기까지 지속될 경우 착한 사람 콤플렉스라고 불린다."

이상은 사전에 나오는 '착한 아이 증후군', 즉 '착한 사람 콤플렉스'에 대한 용어 정의다.

C도 나도 착한 사람 콤플렉스가 있었다. 내가 C의 말을 객관적으로 듣다 보면 답답함이 밀려 왔다. 꼭 속터지는 나 같아서였다. 화가 나고 울화가 치밀기도 했다. 대꾸도 한마디 못하는 내 모습을 보는 것 같았다. 그런데 나는 C의 상황을 통해 시댁 입장을 생각해보게 되었다. C는 착해서 그렇다 치더라도 상대방 입장은 어떨까? 시댁 입장에서는 자신의 생각을 말하지 못하는 C를 마냥 착하다고만 생각했을까?

나도 C처럼 어떠한 일이든 그 자리에서 불만을 말하지 못했다. 상대의 주장이 강할수록 더 그랬다. 그렇다 보니 내가 하지 못했던 말을 자꾸 곱씹게 되었다. 그렇게 당사자에게 하지 못한 말은 가슴에 남아서 나를 괴롭힌다. 그러고는 꼭 제3자에게 털어놓게 된다. 그것이 다름 아닌 뒷담화가 되어버렸다. 제3자에게서 내가 옳다는 소리를 듣고서야 위안을 받곤 했다. 나는 누구에게나 착한 사람이 되고 싶어 했다. 그것이 나를 묶는 올가미인 줄 전혀 몰랐다.

그러나 오랜 시간 습관된 착한 사람 콤플렉스를 벗어나기란 정말 쉽지 않았다. 문제는 착한 이미지를 벗어나기 싫어했다. 착하지 않았을 때 타인의 시선이 두려웠기 때문이었다. 또한, 나는 항상 착하기 때문에 나의 잘못은 없다고 생각했다. 그래서 모든 잘못을 상대 탓으로 돌렸다. 그래야 내가 착해지기 때문이었다.

나도 착하게 살아야 한다는 것에서 벗어나고 싶었다. 그러려면 현실의 나와 마주해야 했다. 나는 그동안 그렇게 길들여져 있던 현실의 나와 만나는 것이 두려웠다. 그렇게 계속 내 안에 갇혀 지금까지 자유로운 삶을 살지 못했다.

현실의 자신과 당당히 맞설 용기가 필요하다

내가 기억하는 부모님은 자신의 삶보다는 평생 남을 배려하는 삶을 사셨다. 그리고 우리 가족 위주라기보다는 남의 시선에 우리 가족을 맞추어 살았다. 그런 부모님 밑에서 자라 자연스럽게 나도 우리 아이들을 그렇게 키웠다. 나는 지금껏 살면서 세상의 도리를 지켜야 한다는 명목하에 도리를 무리하게 지키느라 때로는 참 혼란스러웠다.

한창욱의 『품격 있는 대화』에서는 이렇게 말한다.

"자존감이란 내가 가치 있고 소중한 존재이며, 어떤 성과를 이뤄낼 가능성을 지닌 존재라고 믿는 마음의 상태다. 즉 나의 정체성에 대한 나 스스로의 평가라 할 수 있다."

나는 한 번도 나의 가치에 대해 궁금해하지 않았다. 남의 평가가 곧 나의 평가였기 때문이다. 남이 착하다고 하면 좋았고, 남이 잘한다고 칭찬하면 더 좋았다. 그 결과에 의해 나의 점수가 매겨지는 것이 나의 평가 방법이었다. 남에 의해 나란 존재를 성립시키곤 했다. 나는 자존감 결여에다 착한 사람 콤플렉스였다. 그렇게 사는 것이 당연하다고 생각했던 지난날에서 나의 현실이 보였다. 나는 나의 현실 앞에서 그동안 당당하게 살지 못한 내 모습을 보게 되었다.

  과학 기술 전문채널 YTN 사이언스에서 "착한 사람으로 보이기 위해 노력하는 사람들이 겪는 콤플렉스에 대해 소개합니다."라는 방송에서 직장인 884명을 대상으로 조사한 결과에 따르면, 직장인 67.3%가 착한 직장인 콤플렉스가 있다고 답했다. 그 이유에는 거절을 잘 못하는 성격이 39.8%, 직접하는 것이 편해서 19%, 관계를 돈독하게 하기 위해서가 9.8%, 복잡한 것이 싫어서가 9.4% 그리고 기타로 나타났다. 그 이유로는 자라온 환경에서 착한 아이가 되어야 사랑받을 수 있다는 생각을 성인이 될 때까지 간직한 채 지내서라고 한다. 그리고 타인의 기대에 어긋날것에 대한 우려로 심하면 우울증과 공황장애로 이어진다고 한다. 나를 위해, 남을 위해 현명하게 노(No)를 말하라, 내 마음속의 말에 집중하라고 말했다.

  현명하게 노를 하지 못했던 나 같은 착한 사람이, 착한 사람 콤플렉스에서 벗어나려면 어떻게 해야 할까?

나는 책에서 현명한 방법을 터득할 수 있었다.

첫 번째 현실의 자신과 당당히 맞설 용기가 필요하다.

착한 사람 콤플렉스에서 벗어나려면 타인의 시선에서 벗어나야 한다. 그리고 착한 사람으로 낙인찍힌 예전의 나에서 탈피해야 한다. 그러려면 무엇보다도 용기가 필요하다.

두 번째 자신의 정체성을 찾아야 한다.

착한 사람 콤플렉스에서 벗어나려면 자신이 누구인지 알아야 한다. 나를 알아가는 과정에서 내가 가진 착한 사람 콤플렉스의 뿌리를 알 수 있었다. 나는 가정환경이 가장 컸다.

세 번째 자신의 자존감을 높여야 한다.

타인이 나를 평가하게 내버려두지 말아야 한다. 모든 판단을 남에게 의존하지 말아야 한다. 자존감을 높여보자. 자존감이 높은 사람일수록 타인으로부터 당당하다.

성공한 사람들을 보면 모두 열악한 환경에서 자랐다. 환경만 탓한다면 그들은 어떻게 성공할 수 있었을까? 그 이유는, 자신의 정체성을 깨닫고 자존감을 잃지 않았기 때문이다. 성공자들은 열악한 환경을 도리어 동기부여로 생각하고 성공적인 삶을 위해 집중했다.

　　모든 사람은 행복한 삶을 살아야 한다. 그런 권한이 나에게도 당신에게도 있다. 이 권한 또한 나의 선택에 달려 있다. 나는 이 모든 답을 책에서 찾을 수 있었다. 그래서 이제 더는 착하게 살지 않기로 했다. 타인의 손가락질 따위는 무서워하지 않기로 했다.

　　착하게 살며 타인의 판단에 나를 맡길 것이냐!
　　현명하게 살며 스스로에게 당당한 사람으로 살 것이냐!

　　자신이 선택하면 된다. 나는 당당하게 살기를 선택했다.

『착하게, 그러나 단호하게』

무옌거, 쌤앤파커스

"타인을 과도하게 '허용'하는 것은 자신에 대한 학대다. 온화하고 선량한 것도 좋지만, 필요하다면 자신을 위해 싸울 수 있는 무기인 '까칠함'도 갖춰야 한다. 기억하자. 강해야 할때는 강하게, 부드러워야 할 때는 부드럽게 변할 줄 아는 사람만이 인간관계에서 자신을 지킬 수 있다."

– p.48

내가 인간관계에서 유연함을 갖추지 못했다는 것이 나만 피해자가 아닌 타인도 나로 인해 피해자였겠다는 생각을 하게 해준 책이다.

4

세상 어디에도 완벽한 사람은 없음을 안다

완벽함이 아니라 탁월함을 위해서 애써라.

– H. 잭스 브라운 주니어

조금 서툴고 조금 어설픈 사람에게 더 마음이 간다

나는 52년 동안 완벽해지려고 애썼다. 그런 나의 수고로움에 박수를 보낸다.

6년 전 남편의 사회 모임에서 알게 된 사람들과 필리핀 세부로 여행을 갔다. 여섯 부부가 함께 여행했다. 3박 5일의 여행 동안 정말 행복했다. 나는 수술 후 휴식 중이었던 터라 마음 편히 다녀올 수 있었다. 같이 갔던 팀들과도 마음이 잘 맞았다. 그 팀 중 한 부부도 아내가 유방암 수술을 하고 난 뒤여서 의미가 있는 여행이었다. 모두 알콩달콩 사는 부부들이었다. 3박 5일이 어떻게 지나갔는지 모를 정도로 재미있었다. 여행을 다녀온 후 가끔 연락하며 지냈다. 그때 함께 여행 갔던 부부 중 A부부가 있었다. A부부는 유독 금실이 좋았고 재미난 부부였다. A부부 남편은 당시 여행지에서도 유머 감각이 뛰어나 타인을 즐겁게 해주었던 사람이었다. 사업체도 크게 하고 있어서 소위 잘나가는 사람이었다. A부부 남편의 완벽함은 다른 여자들의 부러움에 대상이 되기도 했다. 그러다 A부부에 대한 갑작스런 소식을 듣게 되었다. 여전히 잘 지내고 있는 줄만 알았던 그들은 부도가 나서 어려운 처지라고 했다. A부부의 안부가 궁금했지만 미안한 마음에 안부조차 물어볼 수 없었다.

내가 생각했던 완벽했던 부부, 그리고 부럽게만 보였던 그 남편. 세상 어떤 사람보다도 아내와 가족에게 지속적인 행복을 안겨줄 것 같았던 남편이었다. 아마도 행복한 여행에서 만났던 터라 더 그렇게 느꼈는지 모르겠다. 한동안 소식을 전하지 않은 사이 무소식이 희소식이 될 줄 알았는데 참 안타까웠다. 여행지에서 완벽한 삶을 살며 행복해하는 그 모습이 너무 보기 좋았고, 그것이 부러워 나도 저렇게 살고 싶다고 생각했었다. 그러나 현실의 세계는 그 행복을 가만두지 않았다. 세상 어디에도 완벽한 사람은 단 한 명도 없다고 말해주고 있었다. 하루 빨리 일이 정말 잘 마무리되기를 바랄 뿐이었다. 힘든 상황을 버티고 있을 부부를 생각하니 마음이 아팠다.

표면에 드러나는 사람의 모습은 모두가 완벽하게 보인다. 하지만 아무리 겉모습이 완벽해 보이는 사람도 속을 들여다보면 하나쯤 부족함을 안고 살아간다. 그래서 그런지 조금 서툴고 조금 어설픈 사람에게 더 마음이 간다. 내가 뭔가 해줄 수 있는 것이 있을 것 같아서이다. 그리고 한편으로는 나처럼 저 사람도 부족한 부분이 있구나 싶어 위안이 되기도 한다. 내가 위로해줄 수 있다는 것만으로도 서로에게 힘이 된다.

인테리어업을 할 당시 고객 중에는 본인이 원하는 인테리어 콘셉트를 파일에 완벽하게 정리해오는 고객이 있는가 하면, 아무것도 모른 채 업체에게 통째로 일임하는 사람도 있다. 우리 업체에 일을 맡겼던 고객은 모두 지인의 지인이었다. 그래서 그런지 성향이 비슷했다. 꼼꼼함의 차이일 뿐 우리를 믿고 맡기는 사람이 대부분이었다. 모두가 더할 나위 없이 고마웠다. 본인이 원하는 자료를 준비해오는 고객은 우리의 수고를 덜어주어서 고마웠고, 아무것도 모르고 오는 서툰 고객에게는 내가 도와줄 수가 있어 또 감사했다. 그래서 우리는 어디에도 치우치지 않고 정성을 다했다. 우리에게 모든 것을 일임한 만큼 책임을 다해야겠다는 소임 때문이었다.

부족하면 채우는 재미로 살아가야 인생은 맛있어진다

인테리어는 그야말로 디자인의 승부다. 업계에서는 대개 하나의 콘셉트로 지속해서 공사하는 업체가 많다. 하지만 나는 그것이 용납되지 않았다. 경쟁 업체와 차별성을 두고 싶은 욕심이었다. 고객이 같은 콘셉트를 원하면 고객을 설득해서라도 다른 콘셉트로 작업하기도 했다. 한 현장에서 공사를 할 때마다 콘셉트가 달라 신경 써야 할 것이 한두 개가 아니었지만 나는 일만큼은 양보하지 않았다. 끝까지 내 방식대로, 내 고집대로 진행했다. 그런 나와 함께 일하던 거래처들은 실장이라 불리웠던 나에게 혀를 내둘렀다. 함께하는 남편은 더더욱 힘들어했다. 나는 일에 대한 프라이드가 정말 강했다. 결국 내 방식대로 해야만 직성이 풀렸고, 그 덕분에 거래처와 고객들에게까지 인정을 받았다.

나의 완벽함은 세일즈 사업을 할 때도 그랬다. 그런 고집은 절정에 달했고 조금도 나의 쉼을 허락하지 않았다. 주인 잘못 만난 내 몸은, 산산조각이 날 때까지 종횡무진 지칠 줄 몰랐다. 나는 완벽함에 미쳐 있었다. 그 또한 나의 생존방식이라고 생각했다. 그러면서도 마음 한구석에선 모든 걸 내려놓고 싶어도 했다. 혹자는 나에게 그랬다. 죽어도 손에서 일을 놓지 못할 거라고. 맞았다. 나는 일이 좋다. 하지만 생존을 위해 일하고 싶지는 않다. 그때는 생존을 위해 그렇게 할 수밖에 없었다고 변명하고 싶다. 나도 쉬고 싶었다. 그러나 마음에 여유를 좀처럼 가지지 못했다. 늘 쫓겨다니듯 일이란 장단에 맞춰 억지춤을 췄다.

그렇게 쉼 없이 달린 내 인생. '과연 남은 건 무엇일까?' 책에는 완벽하지 않아도 행복할 수 있다고 말했다. 돌이켜 보면 나는 외면의 완벽함으로 나를 찾으려 했던 것 같다. 외면의 완벽함을 통해 세상으로부터 나를 평가받으려 한 것이다. 그래서 끝도 없이 달렸던 것 같다. 나의 가치는 외면의 완벽함에서 형성되는 것이 아니라, 내면의 성숙에서 형성된다는 것을 몰랐던 것이다. 그리고 그 모든 것 또한 마음에서 온다는 사실도. 나는 알게 되었다. 인생은그렇게 부족한 나를 스스로 채우며 살아가는 것이라고.

몇년 전의 일이다. 내가 하는 모임에 D가 있었다. D는 성격도 좋고 능력도 있고 사회적 지위도 있었다. 게다가 유머 감각까지 있어 주위 사람들로부터 사랑을 한몸에 받았다. 상대를 아주 편하게 해주는 성향이라 누구나 다 D를 좋아했다. 남부러울 것 없는 사람이었다. 사업을 했던 D는 거의 완벽 그 자체였다. 나도 D를 참 편하게 생각했다. 그러던 중 D를 더는 모임에서 볼 수 없게 되었다. 워낙에 좋았던 사람이라 모두가 너무 안타깝게 생각했다. 사업이 휘청거리며 모든 것이 순식간에 흩어져버린 것이었다. 모임에서 존재감이 있었던 터라 모두가 아쉬워했다. 지금도 D의 앞날이 잘되기를 모두 간절히 바라고 있다.

나는 가만히 한번 그동안 나를 힘들게 하고 나에게 해를 끼치게 한 것이 도대체 무엇이었는지를 생각해보았다. 답은 완벽을 위해 스스로 숨통을 죄어 왔던 나 자신이었다. 나는 타인을 통해 사람은 완벽할 수 없다는 것을 인정하고 내려놓았다. 나도 그렇게 완벽을 추구했건만, 그것은 내 욕심이었다. 지금처럼 완벽만 쫓아가기엔 나의 인생이 너무 짧았다.

　그래도 세상은 메마르고 팍팍하지 않았다. 세상은 아직도 많이 따뜻했다. 완벽하지 않아도 세상은 나를 받아주었다. 세상은 너무 완벽한 사람들만 있으면 재미가 없다. 부족한 사람이 있어야 완벽한 사람도 빛이 나는 법이다. 서로가 서로에게 의지하고 채워주며 살아갈 수 있게 여운을 남겨두자. 부족하면 채우는 재미로 살아가야 인생은 맛있어진다. 나의 그 부족함을 채워줄 수 있는 것. 그것이 나는 책이었다.

나를 살린 문장들

『나는 나로 살기로 했다』
김수현, 마음의 숲

"우리는 겉으로 드러난 모습만 보며 타인의 삶의 무게를 짐작하지만, 타인의 눈에 비친 우리의 모습이 전부가 아니듯, 우리의 눈에 비친 타인의 모습도 전부가 아니다. 우리는 각기 다른 상처와 결핍을 가졌으며, 손상되지 않은 삶은 없다. 그렇기에 당신이 알아야 할 분명한 진실은 사실 누구의 삶도 그리 완벽하지는 않다는 것. 때론 그 사실이 위로가 될 것이다."

– p.46

나에게 초점을 맞추지 않고 타인에게 초점을 맞춘 나에게 욕심을 내려놓게 만든 책이다.

당신을 살린 한 권의 책

『미움받을 용기』
기시미 이치로. 고가 후미타케, 인플루엔셜

"어떻게 해야 원만한 인간관계를 맺을 수 있는지 알지 못하면 타인의 기대를 만족시키며 살게 되거나, 타인에게 상처주지 않으려고 하고 싶은 말이 있어도 하지 못하고, 하고 싶은 것을 단념하는 일이 벌어지게 됩니다. 그런 사람은 아마도 주변 사람들 사이에 인기가 많고, 그를 싫어하는 사람이 적을 겁니다. 대신에 자신의 인생을 살지 못하게 될지도 모릅니다. "세계는 단순하고 오늘부터 당장 행복해질 수 있다."라는 철학자의 말이 충격적일 겁니다."

— 37쪽

이 책은 아들러의 심리학을 철학자와 청년의 대화 형식으로 풀어낸다. 나는 『미움받을 용기』를 읽고, 칭찬만 좋아하고 만인에게 인정받는 것에만 열심이었던 나를 알게 되었다. 나는 이 책을 통해 타인의 시선에서 벗어나는 용기를 얻을 수 있었다. 아들러 심리학의 목적론에 의해 나는 어떤 목적에 의해 그토록 타인의 시선을 두려워했는지 생각하게 했다. 착한 사람 증후군에서 벗어나지 못하는 모든 사람에게 추천하고 싶은 책이다.

5

다른 사람의 판단에 의연해지기로 했다

할 수 있다고 믿는 사람은 결국 그렇게 된다.

– 샤를 드골

가족이라고 예외일 수는 없다

포항에 사는 작은언니는 지금 편찮은 엄마를 돌보느라 스트레스가 이만저만이 아니다. 외지에 떨어져 있는 큰언니와 나는 항상 미안하고 고맙다. 언니는 20년을 넘게 시어머니를 모시고 살았다. 그랬기에 어른을 돌본다는 것이 여간 힘든 일이 아니라는 것을 그 누구보다도 잘 안다. 지난 토요일 포항에서 친구들과 모임이 있었다. 친구와 모임을 끝내고 편찮은 엄마를 보러 언니집에 갔었다. 그리고는 너무 피곤해 잠시 잠이 들었다. 잠시 후 형부가 오셨고, 가족과 함께 식사를 하러 가게 되었다.

가족과 저녁을 먹으러 가려는 찰나에 나의 휴대폰이 울렸다. 예전 화장품 영업을 하던 P였다. P가 판매하는 화장품이 신제품이 나와 판매에 도움을 청하고자 전화를 한 것이었다. 나는 흔쾌히 오케이했다. 그런데 한참 전화하던 중 갑자기 언니가 "됐다. 끊어라. 뭘 자꾸 팔아달라고 그러냐?" 하며 전화를 끊으라고 했다.

순간 나는 언니의 태도에 화가 났다. 아는 지인이 화장품에 대해서 판매처를 찾았고, 내가 도움을 줄 수 있으면 좋겠다 싶어 통화를 하던 중이었다. 그런데 불같이 화를 내는 언니에게 나도 화가 났다. 그것은 나의 일이고, 나의 소관이었다. 그 순간에는 갑자기 그렇게 화를 내는 언니에게 나도 화가 났지만, 언니가 왜 그러는지 나도 아니까 속상했다. 언니는 내가 오지랖을 피우는 것같이 느껴져서 더 화가 났던 것이었다. 그리고 예전의 세일즈에서 힘들어했던 나를 기억하며 동생의 힘든 모습을 보는 것이 싫었던 것이었다.

나는 늘 도전하고, 실패하고, 도전하고, 실패하기를 밥 먹듯 하는 사람이었다. 언니들은 평범한 사람이었다. 그러다 보니 나를 이해한다는 것은 불가능했다. 언니들은 그런 나를 안타까워하며 평범하지 않은 나를 늘 불안해했다. 나도 언니들의 마음이 어떤 마음인지 너무 잘 안다. 내가 인테리어를 그만두고 다른 직업을 찾을 때에도 무척 안타까워했다. 언니들 시선에서 다른 직업이라고 선택한 것이 힘든 사업의 대명사인 세일즈 사업이었으니까. 그러니 극도로 예민할 수밖에 없는 입장도 이해가 된다. 가족이니까. 당시 나는 세일즈 사업을 하면서 언니들에게 도움을 청했다. 나에게는 그것이 생존이었기 때문이다. 그러나 결론은 성공하지 못했고 나는 언니들 시선에서 실패한 사람이 되었다. 나의 생각과 언니들의 생각은 많이 달랐다. 그래서 작은 언니는 그 일에 아주 민감한 것이 당연했다. 그렇기 때문에 아주 작은 세일즈 부탁에도 발끈하는 것이었다.

나는 언니의 말에 상처를 받았다. 나는 바보같이 언니의 판단에 의연하지 못했다. 가족이라는 특수한 관계 때문에 더 그랬던 것 같긴 하다. 참 속상했다. 그 말을 내뱉은 언니의 마음도 편하지 않다는 것을 누구보다도 잘 안다. 가족이니까. 걱정되니까. 힘든 동생을 보는 언니도 속상하니까. 가족은 가족이라는 명분으로 서로가 서로에게 말로 상처를 준다. 사랑한다는 명분하에, 잘되었으면 하는 명분하에. 가족은 많은 것을 서로가 서로를 감수하게 만드는 것 같다.

내면의 성장이 나를 의연하게 만든다

가족에게 받는 상처는, 타인에게 받는 상처보다 2배의 무게로 나를 짓눌렀다. 이 세상에서 상처를 받고 싶어하는 사람은 단 한명도 없다. 흔히들 '상처를 안 받으면 되지.'라고 말한다. 하지만 잘되지 않는 것이 사실이다. 특히나 가족이라는 특수한 관계는 더 그렇다. 항상 내가 가장 잘되기를 바라는 사람들이라는 것을 잘 알기 때문이다. 바로 애정인 거다.

김범준의 저서 『모든 관계는 말투에서 시작된다』는 이야기한다.

"용기란 내가 무엇인가를 하기 전에 해가 될 것에 대해 두려워하지 않는 것인데 특히 자신에게 도움이 되는 것에 대해 적극적으로 나서는 행위도 포함된다. 그렇다. 나 자신을 지키는 용기가 진정한 용기일 수도 있음을 알아야 한다. 자신을 지키는 것도 용기라는 것을 알아야 세상과의 커뮤니케이션이 쉬워진다. (중략) 힘들면 힘들다고 말하는 건 나약함이 아니라 용기다.(중략) 무조건 강해 보이겠다고 자신의 아픔도 외면하는 말과 행동은 어리석음이다."

나는 가족에게 상처 받았을 때 아프다고, 힘들다고 이야기하지 않았다. 그냥 괜찮다고 잘할 수 있다고만 말해왔다. 나를 솔직하게 표현하지 않았다. 그랬더니 가족은 나를 본인들의 시선에 맞추어 판단했다. 내가 늘 가족 앞에서 강한 척했기 때문이다. 나는 나를 지킬 수 있는 용기가 부족했다. 그것은 나를 남이 아무렇게나 판단하게 내버려둔 나의 행동이 일조를 했다고 볼 수 있다.

내가 타인의 판단으로부터 의연해지기 위한 첫 번째 과제는 나를 표현하고 나를 지킬 수 있는 용기가 필요했다. 그리고 두 번째 과제는 나의 내면을 단단하게 만들어 가야 했다. 세 번째 과제는 타인의 판단에 대해 객관적인 관점에서 바라볼 줄 알아야 했다. 그렇게 상대방에게서 한발 물러나 상대의 말을 듣다 보니 상대가 하는 판단이 자신의 갈등을 가장한 판단인지, 오롯이 나를 위한 판단인지를 구분할 수 있게 되었다. 책을 통한 나의 성장은 의연함을 길러냈으며, 어느 순간부터 다른 사람의 마음까지도 살피게 되었다.

지금 시대는 예전과 달리 자기 삶을 주도적으로 살아가려 한다. 유튜브 동영상만 봐도 그렇다. 연예인이 아닌 일반인이 자신의 일상을 촬영해 올린다. 자신의 모든 일상을 공개하며 자신이 즐긴다. 그것에 누군가는 댓글로 답하며 희로애락을 즐긴다. 자신이 올린 동영상을 타인의 판단에 가장 먼저 반응하고, 가장 의연해야 가능한 직업일 것 같다. 자신의 단점을 숨기려 하지 않고, 그것을 장점으로 승화시켜 자신을 브랜드화하기도 한다. 드러내지 않았던 시대와는 다르게 정말 많이 변하고 있는 것이다. 모든 유튜버들의 타인의 판단을 두려워하지 않는 용기에 응원을 보낸다.

내가 타인으로부터 의연해지기까지는 책의 힘이 컸다. 책은 나의 마음을 타인의 판단에 빼앗겼을 때에도, 다시 제자리로 올 수 있게 기다려주었고 현명한 지혜를 주었다.

나는 책에서 다음과 같은 마음의 지혜를 얻게 되었다. 타인의 판단에 나의 마음을 담그지 말아야 한다. 나의 마음은 나의 마음 독에서 깊은 맛을 우려내도록 숙성시켜야 한다. 깊은 맛이 우러난 나의 마음은 타인의 판단에서 벗어나 타인을 배려하는 사람으로 성장하게 된다. 마음은 깊어지면 깊어질수록, 성장하면 성장할수록 사람의 외면을 포장하지 않는다.

나를 살린 문장들
———

『나는 왜 사람들에게 상처받을까』
네모토 히로유키, 비지니스북스

"자기 자신을 존중하고 확고한 의지를 갖고 목표를 향해 나아가려면 주변에 떠밀리지 않아야 한다. 주변으로부터 다소 건조하다는 말을 듣더라도 자신의 생각을 끝까지 밀고 나가는 것이 중요하다."

— p.75

타인이 중심이 되어 살았던 내 삶에서 남의 판단이 곧 내 판단이었다. 그것을 당연하게 여겼기에 타인으로부터 벗어날 수 없었다. 책의 힘은 삶의 중심을 타인에게서 나로 옮길 수 있게 해주었다.

6

타인에게 인정받는 데 목숨 걸지 않는다

살면서 미쳤다는 말을 들어보지 못했다면,
너는 단 한번도 목숨 걸고 도전한 적이 없었다는 것이다.

– W.볼튼

타인의 인정에 목숨 거는 것은 시간낭비다

내 아들은 취업준비를 하는 소위 취준생이다. 요즘 취업을 위해 원서를 내느라 스트레스가 이만저만이 아니다. 이 시대 젊은이들의 취업 전쟁은 뉴스를 통해 익히 알 수 있다. 아들도 취업을 준비하느라 전쟁 아닌 전쟁 중이다. 나는 퇴근이 늦은 관계로 아들과 얘기할 시간이 별로 없었다. 그래도 부모의 고충을 알기에 아들은 늘 우리를 이해해주었다. 아들은 몸무게가 꽤 나간다. 그렇기 때문에 나는 아들의 건강이 늘 걱정된다.

"아들, 취업도 중요하지만 다이어트 좀 하지?"

"엄마, 취업 준비만도 힘들어. 그런데 다이어트까지 어떻게 하라고!"

"그래도 다이어트는 해야지. 그러다 건강 해치면 아무 소용없잖아."

"엄마, 아는데 지금은 공부만도 힘들어. 그리고 스트레스 받으면 더 먹게 된다고. 취업 준비랑 같이하니까 운동이 잘 안 된단 말이야."

다이어트로 인한 아들과 나의 실랑이는 한참 이어졌다. 아들은 스트레스 때문에 더 먹게 되어 살이 찌는 거였다. 나는 말은 건강문제를 내세웠지만 사실 얼마 전에 보았던 시험의 낙방도 자기 관리 때문인 것 같다는 말을 하고 싶었다. 그래서 자꾸 빙빙 돌려 잔소리하게 되었다.

아들과의 대화는 다이어트로 시작해 취업 준비에 대한 얘기까지 하게 되었다. 남편과 나는 자녀교육의 주관이 달랐다. 그래서 아이들이 가끔 혼란스러워 했다. 사실 아들은 자신이 하고 싶어하는 것이 있었으나 아들은 우리를 강력하게 설득하지 않았고, 취업을 원하는 남편의 뜻에 따라 취업준비를 하게 되었다. 하지만 취업준비가 만만치 않으니 가끔 원망의 소리를 하기도 했다.

그날 아들은 그동안의 스트레스를 말했다. 어릴 적부터 부모의 눈치를 봤다고 했다. 그리고 취업준비는 내키지 않았지만 아빠의 적극적인 주장에 자기도 수긍했다고 했다. 부모에게 실망을 안겨주기 싫어서 최선을 다한다고 했다. 주변 선후배들의 잇따른 취업에 불안과 함께 심리적 압박감마저 느끼고 있었다. 그렇게 속내를 실컷 털어놓은 아들의 마음은 한결 가벼워보였다. 대화가 끝날 무렵 아들은 3개월의 말미를 달라고 했다. 자신을 돌아볼 시간도 필요하고 건강을 위해 다이어트도 한다고 했다. 새벽까지 이어진 대화는 서로의 진심을 알게된 시간이었다.

그렇게 아들은 부모의 눈치를 보며 자랐다. 그리고 부모의 뜻을 거절하지 못해 자신이 하고 싶은 것도 주장하지 못했다. 사실 아들은 나의 영향을 많이 받았다. 그래서인지 자신의 생각을 크게 주장하지 않았다. 아들과 딸은 항상 타인을 먼저 배려하는 나를 보며 자신들도 모르게 상대에 대한 배려가 습관이 되어 있었다. 그래서 나는 염려가 된다. 타인의 인정에 목숨 거는 것은 정말 시간낭비라는 것을 알기 때문이다. 우리 아이들만큼은 엄마처럼 타인의 인정에 목숨 걸지 않았으면 하는 바람이다. 그나마 우리 아이들 세대는 개인주의 성향이 강해서 다행이지만, 그래도 습관이 무섭기 때문이다. 인생은 대신 살아줄 수 없다는 것을 알기에 모든 일에 그저 잘 헤쳐나가길 바랄 뿐이다.

누구를 위해 그렇게 목숨 거는가?

10년도 훌쩍 넘은 일이다. 친구의 집을 리모델링해줄 때의 일이다. 현장은 지방이었고 신규 아파트였다. 당시는 신규 아파트도 리모델링을 많이 했다. 나는 친구와 충분히 의논해 공사를 시작했다. 그러던 중 친구의 소개로 몇 군데 더 공사를 하기도 했다. 친구는 고생하는 나를 도와주려고 무진 애를 썼다. 친구는 발이 넓어서 주변에 지인도 많았다. 나는 고마운 친구에게 잘하려고 최선을 다했다. 대구가 아니었던지라 아침 저녁 대구와 지방을 오가며 몇 달을 공사했다.

그러던 어느 날, 그날은 친구와 서로 상의하에 공사했던 부분이 친구의 마음에 들지 않았고, 친구는 그것으로 속상해했다. 그러면서 수정해줄 것을 요구했다. 그러나 이미 작업이 거의 완료된 상태라 재공사가 힘든 난감한 상황이었다. 친구는 그런 상황을 이해하면서도 미련이 남는 모양이었다. 나는 그래도 친구에게 인정받고 싶은 욕심에 친구의 미련이 내내 마음에 걸렸다.

인테리어업계에서 제일 힘든 고객은 지인이라고 말한다. 그만큼 지인의 공사는 어렵다. 지인이기 때문에 조심스러우며 공사 중 느끼는 심적고통은 2배다. 나도 예외는 아니었다. 나는 친구에게 조그만 실수도 책잡히고 싶지 않았다. 그래서 친구와 신경전을 벌여야 했다. 친구가 아니라 고객이라고 생각하면 충분히 있을 수 있는 일이었다. 그러나 고객이기보다는 친구란 생각이 먼저였기에, 나를 당연히 이해해주리라 기대했었다. 그리고 조금의 실수는 용납해주리라 믿었다. 그러나 그건 큰 오산이었다. 공과 사를 구분하지 못한 나의 잘못이었다. 그런 사적인 내 마음을 친구는 알아줄 리 만무했다. 나는 무리한 친구의 요구에 화가 났지만 그렇다고 친구에게 대놓고 화를 낼 수는 없었다. 그렇게 화를 참다 못한 나는 공사의 일부분을 망치로 모두 부숴버렸다. 그러고는 내 성질에 못 이겨 쓰러져 버렸다. 그러자 현장에 있었던 목수와 하얗게 질린 남편은 일하다 말고 나를 들쳐 없고 병원으로 가야 했다. 온몸의 흥분이 가라앉지 않았고, 링거를 맞은 후에야 정신을 차릴 수 있었다. 이날의 사건은 거래처들 사이에서 역사적인 사건이 되었다. 지금도 한 번씩 그때 일을 떠올리면 거래처들은 고개를 절레절레 흔들며 엄지를 세웠다.

그날의 일은 친구에게 인정받으려 하나밖에 없는 내 목숨을 걸었다. 친구이기 이전에 고객임을 잊어버리고 내 자존심만 생각했다. 친구는 고객으로서 당당히 요구했다. 그러나 자존감이 낮았던 나는 친구의 말이 나를 무시하는 것처럼 들리고 내가 해놓은 일에 대해 지적하는 것 같았다. 친구 앞이라 자격지심이 있었던 나는 내 주장을 어필하기보다는 친구의 요구에 자존심부터 앞세웠다. 사실 나는 친구가 나보다 더 잘 나가 보여 자존심이 상하기도 했다. 그래서 친구와 소통하지 않은 것 같다.

미국의 심리학자 너새니얼 브랜든의 『자존감의 여섯 기둥』에서는 이렇게 말한다.

"자존감이 높은 사람일수록 다른 사람에게 관대하고 적절하게 의사소통할 줄 안다. 자신의 생각이 가치 있다고 믿기 때문에 명확하게 표현하는 것을 두려워하지 않는다."

그랬다. 내가 자존감이 높았다면 친구의 요구에도 시시비비를 가리며 정확하게 소통했을 것이다. 또한 친구의 요구에도 관대했을 것이고 수긍했을 것이다. 일에 대해 당당하게 말하지 못하고 소심하게 대처한 나는 결국 나의 자격지심으로 인해 친구 앞에서 프로답지 않은 행동을 보이고 말았다.

나는 친구에게도, 타인에게도 인정받으려 목숨 걸고 싸웠다. 그 때문에 나란 존재가 송두리째 흔들렸다. 사람은 누구나 인정받고 싶어 한다. 타인에게서든 자신에게서든. 인정 욕구는 살아나가는 데 꼭 필요한 심리적 욕구이기 때문이다. 인정받는다는 것은 자신이 생존할 이유가 되기도 한다. 그러나 과연 인정은 진정 누구를 위한 것일까? 누구를 위해 그렇게 목숨 거는 것일까?

나는 나의 인생 시간이 잘 관리되지 않고 있었다. 나의 소중한 인생을 타인에게 인정받으려 했기 때문이다. 이제는 타인에게 인정받는 데 목숨 걸기보다는, 나를 위해 시간을 쓰기로 했다. 당신은 과연 누구를 위해 시간을 쓰고 있는가? 곰곰히 생각해보길 바란다. 이 질문에 명확하게 '나'라고 답할 수 있다면, 당신은 자기 인생에서 멋진 승리자로 남을 것이다.

나를 살린 문장들

『둔감력 수업』
우에니시 아키라, 다산북스

"돈이나 명예, 찬사에 대한 집착을 버리면 다른 사람을 배려할 여유가 생깁니다. 다른 사람을 소중히 대하고 싶은 마음이 자연스레 생겨나죠. 다른 사람을 배려하면 나도 배려받을 수 있습니다. 이렇듯 다른 사람을 배려하고 소중히 여기면 주변 사람들과 행복하고 사이좋게 지낼 수 있습니다. (중략) 타인을 위해 그리고 자신을 위해 돈, 명예, 찬사에 둔감해지세요. 결국 사람들은 예민한 사람보다 둔감한 사람 곁에 남아 있게 마련입니다."

– p.193

7

타인의 칭찬에 인생을 허비하지 않는다

태어나면서부터 현명한 이는 없다.

– 미겔 데 세르반테스

모든 사람에게 칭찬받을 수는 없다

나는 스스로를 인정하는 것에 참 인색했다. 그리고는 타인을 인정하는 것에는 관대했다. 나는 세상에게 칭찬받기 위해 많은 세월을 낭비했다. 그리고 스스로 노예를 자청했다. 그렇게 헛된 세월을 보내기는 했으나 얻은 것도 많았다. 하지만 세상은 긍정보다 부정의 파급력이 더 크다. 얻은 것보다 잃은 것을 더 많이 기억하는 것을 보면 말이다.

어느 날 법륜스님의 동영상을 보았다. 법륜스님의 즉문즉답이었다.

질문자는 모든 사람에게 인정받고 싶다고 했다. 나의 경험으로 보아 질문자는 자기주도적인 삶을 살기보다는, 타인에게 인정받고 칭찬받는 것에 집중하며 사는 듯했다. 법륜스님은 그 질문자의 질문에 이렇게 답했다.

"결론부터 얘기하자면 당신의 욕심입니다. 모든 사람에게 인정받으려고 하는 자체가 과욕입니다. 인정은 타인의 몫입니다. 그 결정권은 타인에게 있습니다. 절대 모든 사람에게 인정받을 수 없습니다. 한사람에게 인정받기도 힘든데 모든 사람에게 인정받으려는 것은 불가능합니다."

그리고 또 한 질문자가 질문했다.

남에게 잘 보이고 싶은 마음이 큰데 어떻게 하면 좋겠냐고 물었다. 그러자 스님은 잘 보이고 싶은 마음도 습관이라고 했다. 습관이나 성질이나 성격이라는 말을 쓴다는 것은 잘 고쳐지지 않기 때문이라고 한다. 그것을 고치려고 하면 스트레스를 받는다고 했다. 습관은 무의식이란다. 그렇지만 이미 습관되어 있는 것도 꾸준하게 오랜 시간 동안 노력하면 변화 가능하다고 말했다. 낙숫물이 바위를 뚫듯이 말이다.

법륜스님의 답은 언제나 명쾌했다. 그리고 누구나 아는 답이었다. 너무나 공감되었다. 나는 타인의 인정과 칭찬의 노예로 인생의 반을 그렇게 살았다.

나 또한 습관이었다. 그리고 법륜스님의 말처럼 타인의 몫을 내가 욕심내며 인생을 허비한 것이었다. 사람은 절대 모든 사람에게 인정받기 힘들다. 그리고 모든 사람에게 칭찬받을 수도 없다. 지금껏 나의 욕심은 내 인생의 반을 허망하게 보내게 했다. 처음부터 나란 사람을 있는 그대로 인정했더라면, 그들이 나를 판단하든지 말든지 내 인생을 살아갔을 것 같다.

나는 6년여 동안 돈을 벌고 싶어 세일즈 사업을 했다. 부자가 되고 싶었고, 꿈을 찾고 싶었기에 밤낮으로 좇아다녔다. 돈을 번다는 명목하에 몇 번의 실패를 반복했다. 세일즈 사업에서 그룹의 중간 책임자를 할 때였다. 나는 중간 책임자를 하며 상사 A의 오른팔 역할을 했다. 나는 A에게 충성을 다했고, 혼신을 다했다. 하지만 나는 A에게 뒤통수를 쎄게 맞고 말았다. 결론만 말하자면 A는 함께했던 그룹의 사람들을 책임지지 않았다. 책임감이 강했던 나는 총대 멜 것을 자처했다. 모든 일의 수습을 끝내고 나니 사람들은 하나둘씩 떠나고 없었다. 남은 것은 나란 사람과 원망뿐이었다. 나는 A의 인정과 칭찬에 넋이 나간 채 사람도 놓치고 정신도 놓치고 말았다.

내 인생이 허비되는 것을 막아야 한다

나는 A와 같이 했던 사업이 잘못되기 전까지 아무런 감지를 하지 못했다. 다른 사람들이 자세히 알아보자고 할 때도 나는 무심했다. 그저 A만 믿었다. 사업이 잘못된 것은 내가 사람을 잘 믿는 것도 한몫을 했다고 본다. 사건이 터지고 난 다음에도 나는 아닐 것이라고 부정했다. 믿고 싶지 않았다. 정말 부끄러웠다. 나는 생업이었기에 돈이 필요했고 급한 마음뿐이었다. 다른 것이 눈에 들어올 리 없었다. 그렇다고 내 책임이 없어지는 것은 아니지만 여하튼 나는 하루하루가 돈이 급했다. 그래서 마지막까지 인정하고 싶지 않았다. 일은 그렇게 터졌고, 이를 미리 감지한 사람들은 알아서 수습하고 떠나고 있었다. A도 한 치의 망설임도 없이 떠났고, 나는 독박을 뒤집어쓴 채 모든 걸 감당해야 했다. 그때 함께했던 사람들도 스스로를 원망하며 힘들어했고, 나의 대처에 모두 실망했다.

나는 타인의 인정에 목숨 건 대가로 고통의 값을 제대로 치른 셈이 되었다. 몇 년 동안 인생을 허비한 것을 생각하면 이루 말할 수 없이 부끄럽고 창피했다. 내가 남에게 잘 보이려고 애쓰는 동안 사람들은 나를 어떻게 봤을까? 현실을 보지 못하는 나를 얼마나 안타까워했을까? 바보 같은 짓을 얼마나 했는지 모르겠다. 내 인생의 필름에서 그곳을 잘라버리고 싶다.

타인의 인정과 칭찬은 달콤한 사탕이었다. 누구나 먹고 싶어 하는 사탕. 인정과 칭찬은 사람을 춤추게 한다. 그렇기 때문에 삶의 원동력이 되기도 한다. 하지만 나는 그 사탕발림에 집중하는 바람에 내 삶의 일부분이 허비되고 말았다.

미국의 철학자 윌리엄 제임스가 한 말이다.

"생각이 바뀌면 행동이 바뀌고, 행동이 바뀌면 습관이 바뀌고, 습관이 바뀌면 인격이 바뀌고, 인격이 바뀌면 인생이 바뀐다."

나는 이제 나에게 인정과 칭찬을 받도록 욕심부리기로 했다. 더는 후회하고 싶지 않았다. 인생을 바꾸기 위해서는 생각부터 바꾸어야 한다. 성공자들은 모두 자신의 습관을 바꾸어 성공했다. 이제는 타인에게 잘 보이려 나를 저울질하지 않고, 나를 경쟁자로 삼아 스스로를 인정하며 칭찬하기로 했다. 절대 아까운 세월을 허망하게 흘려보내지 않기로 다짐했다.

내 인생의 반을 허비했던 시간을 되돌릴 수는 없지만, 남은 세월은 내 맘대로 결정할 수 있다. 내가 나를 인정하니 세상도 나를 인정했다. 내가 나를 응원하니 세상도 나를 응원했다. 내가 나를 칭찬하니 세상도 나를 칭찬했다. 내가 나를 가치 있게 바라보고부터 자존감은 회복되었다.

책을 통해 회복된 나의 자존감은 자신감이 되었다. 책으로 인해 단단해진 나의 내면 또한 무너지지 않았다. 그동안 내가 목숨 걸었던 타인은 타인일 뿐이었다. 그들의 판단에 이제 나를 맡기고 싶지 않다. 나를 알고부터 나는 나를 제대로 지킬 수 있다. 타인과의 최소한의 경계선은 나를 지킬 수 있는 보이지 않는 당당함이었다.

나를 살린 문장들

『멈추어야 할 때 나아가야 할 때 돌아봐야 할 때』
쑤쑤, 다연

"평생 타인의 인정을 받기 위해 무언가를 찾아 헤맨다면 행복과 즐거움은 영원히 멀어질 것이다. 사회의 범속한 평가는 개성을 죽이고, 세속적 비평은 그 대상을 가둔다. 돈에 눈이 멀어 가족을 버리고, 권력 때문에 파렴치한이 되고, 자기명예를 위해 수단과 방법을 가리지 않는다. 그러자면 진정한 자아는 점점 변질되어 산산이 부서질 것이고, 결국 하찮은 속물로 살아가게 될 것이다."

– p.22

당신을 살린 한 권의 책

『당신이 옳다』
정혜신, 해냄출판사

"성인 간의 관계는 다르다. 내가 감당해야 할 몫이 있지만 나만 잘한다고 되지 않는다. 상대가 감당해야 할 몫까지 내가 짊어질 이유는 없다. 너도 있지만 나도 있다. 어떤 관계에서든 납득할 수 없는 심리적 갑을 관계가 일방적이고 극단적으로 계속된다면 이런 관계를 끊을 수 있는 것이 더 건강하다. 우선 내 건강성을 지켜야만 나중을 기약할 수도 있다."

— 171쪽

이 책은 감정에 관한 상비 치유 지침서로 생각하면 된다. 집에 비상약은 꼭 비치하듯 이 책은 꼭 있어야 하는 책이다. 이 책을 만나고 감정에 대한 진실을 알게 되었다. 저자의 말에는 감정에 휘둘려 사는 모든 사람을 치유해주고 싶어 하는 진심이 묻어 있다. 사람의 감정을 해석하고, 그 감정에 대한 공감을 다루고 있다. 감정 또한 자신이 먼저라는 명제로, 누구나 될 수 있는 공감자의 관점에서 취할 수 있는 방법론을 말하고 있다. 내가 타인에게 상처받았던 일들이 내가 감당해야 할 몫에서 벗어나 타인의 몫까지 짊어지려고 했던 자신을 깨닫게 해준 책이었다. 감정으로 힘들어하는 모든 사람이 봐야할 지침서이다.

4장

마음에 휘둘리는
사람들을 위한
독서 처방 7스텝

1

욱할 때는 감정에 관한 책을 읽자

한 시간 독서로 누그러지지 않은 걱정은 결코 없다.

— 샤를 드 스공다

감정은 숨기는 법이 없다

나는 성질이 급하다. 그리고 욱하는 나를 이기지 못할 때가 많다. 내가 인테리어업을 할 때는 지금보다 더 심했다. 육체적인 일이 전부인 인테리어 현장에서는 대부분 위험한 일이 많다. 현장이 급박하게 돌아가다 보니 늘 긴장의 연속일 수밖에 없다. 위험한 상황이 언제 닥칠지 모르기 때문에 늘 예민하게 된다. 그래서 이러한 작업특성상 욱하는 성향이 수년간 몸에 배기도 했다.

인테리어 공정 중 목작업 공정이 있다. 그 공정에 베테랑인 대장이 있다. 대장과는 15년을 함께 일했다. 지금도 왕래를 하며 지내는 사이이다.

어느 날 아파트 현장에서 일할 때다. 목수 대장이었던 A는 나와 비슷한 성격이라 일하면서 잘 부딪혔다. 그래도 표현이 그렇지 속은 따뜻하고 정이 많은 사람이다. A와 나는 죽이 잘 맞아 일도 잘했지만, 티격태격도 잘했다. 내가 원하는 디자인을 상의하는 과정에는 언성이 자주 높아졌다. A는 30년 가까이 목수 일을 한 베테랑이라 자기 일에는 완벽했다. 내가 원하는 디자인은 현장에서의 접목이 어려울 때가 많았다. 요는 비용 문제였다. A와 나는 일에 관한 한 서로의 고집을 피우기 일쑤였다. A는 무리한 요구를 하는 나에게 욱하는 감정을 여지없이 드러냈다. 그리고 나 또한 욱하는 감정으로 맞대응하기 다반사였다. 사건이 일어난 그날도 한바탕 소동이 벌어졌다. 급기야 현장 분위기는 뒤로한 채 욱하고 말았다. 그리고는 아파트 현관문을 부서져라 박차고 나왔다.

나의 욱하는 성향은 수시로 일어났다. 가족관계에서도 그랬다. 아이들이 어렸을 때 내 마음에 들지 않으면 버럭 소리부터 질렀다. 그외에도 조금 편한 관계면 자주 그랬던 것 같다. A와의 관계 역시 그랬다. 나는 나의 감정을 표현하는 데 서툴렀다. 그러다 보니 항상 속마음과는 다른 행동을 했다. 그리고는 후회했다. 욱하는 행동은 나의 속마음을 보호하고 방어하기 위한 나의 본능적인 행동이었다. 안 그래야지 하면서도 생각만큼 감정은 내 맘대로 되지 않았다. 나는 왜 그렇게 나의 감정을 알아주지 못했을까? 내 감정은 늘 나로부터 외면당했다. 나의 꾹꾹 눌려 있던 감정은 시간이 지나면 꼭 터졌다. 내 감정은 늘 진실했다. 숨기는 법이 없었다.

세상은 모두 감정 전쟁 중이다. 내 마음속 전쟁처럼 세상 사람의 마음속도 늘 전쟁 중이다. 감정을 주체하지 못해 일어나는 좋지 않은 뉴스는 간헐적으로 들린다. 불특정 다수를 대상으로 하는 '묻지마 범죄'가 그렇다. 이런 뉴스는 항상 극단적이고 소름 끼치는 소식이다. 이것은 감정의 과잉이나 표현의 부족이 부른 참사이다. 평소 소통의 문제이기도 하다. 소통 방법을 몰라 표현을 제때 못했기 때문에 결국은 쌓여 있던 분노가 터져 우발적인 사고를 낳는다. 그리고 욱하는 감정을 심하게 표출하는 사람 중에는 자신의 행동을 자기만의 우월감이나 과시욕으로 착각하기도 한다. 이런 경우는 을의 입장에 설 수밖에 없는 서비스업종에서 종종 일어난다. 결국 그들은 육체적인 노동과 감정노동을 함께 겪는 것이다. 얼마나 서글픈 일인가?

억눌렸던 감정의 분노는 자신도 모르는 사이 습관이 된다. 나의 경우도 눌려 있던 감정이 나도 모르게 욱하고 터지곤 했다.

책을 읽다 보면 나와 같은 마음의 전우를 꼭 만난다
EBS TV 〈감정의 재발견〉에서 일반인을 상대로 테스트를 했다. 1분 안에 일주일 동안 느꼈던 감정을 써보라는 테스트였다. 그랬더니 작게는 1개부터 많게는 10개까지 적어 보였다. 대략적으로 7개 이상을 쓴 사람들은 자신의 감정을 읽고 산다고 했고, 3개 이하로 쓴 사람들은 자신의 감정을 잘 못 읽고 산다고 했다. 그만큼 현대 시대에 살아가는 사람들은 감정에 점점 무뎌지고 있다는 뜻이다.

평소에 자신이 욱하는 감정이 있다면, 감정에 관한 책을 통해 알아보아야 한다. 나의 현재 감정 상태는 어떤지, 내가 어떤 상황이 되면 욱하는 감정이 생기는지, 왜 그런 감정이 생기는지도 알아야 한다. 나도 지금껏 감정을 표현하는 방법을 몰랐다. 그래서 힘들어했다. 나는 감정에 관한 책에서 나의 감정 상태를 알 수 있었다. 책은 나의 감정을 정확하게 말해주었고, 감정을 표현하는 법도 알려주었다.

여러 매체에서 감정을 표현하라고 말한다. 하지만 감정 표현은 쉽지 않다. 나는 감정을 숨기는 것에 익숙했다. 그렇게 교육받아서였다. 나는 감정에 관한 책을 읽으며 내 감정과 친숙해질 수 있었다. 그리고 내 감정의 진실을 보게 되었다. 내 마음속 진실한 감정을 대하고 나니, 나의 욱하는 감정의 뿌리를 알 수 있었다. 그것의 근원은 열등감이었다. 열등감은 콤플렉스가 되어 내 마음 저변에서 나의 감정들을 휘두르고 있었다. 그런 감정들을 나는 외면하지 않았다. 그리고 이제야 내 감정의 주인이 된 것 같았다.

정혜신의 저서 『당신이 옳다』에서는 이렇게 말한다.

"존재 자체의 느낌이 만져지면 사람은 움직인다. 벽을 뚫고 부수지 않아도 문을 찾고 문고리를 돌리면 금세 안으로 들어갈 수 있다. 존재의 느낌에 정확하게 내려앉는 공감은 세상의 어떤 훌륭한 설득이나 계몽, 조언, 심지어 어떤 강력한 항우울제보다 빠르고 정확하게 마음을 돌려놓는다."

감정이란 자신을 표현하는 그 자체다. 정확하게 존재의 감정을 만져주면 사람은 움직이게 된다고 말한다. 맞았다. 나도 누군가가 내 마음을 알아줬더라면 감정을 담아두지 않았을 것 같다. 나의 마음을 알아주는 것만큼 감격스러운 일은 없다. 세상에 원인 없는 결과는 없었다. 나의 욱하는 행동은 마음을 표현하려고 발버둥을 치는 것이었다. 나를 알아봐달라고 몸부림을 치는 것이었다. 그렇게 표현해야만 감정의 주인은 자신을 바라봐줄 테니까. 나의 감정은 책을 읽는 동안 상담한 것도 아닌데 치유되고 있었다.

더는 내 감정을 숨기려 억누르지 말자. 그리고 감정에 관한 책을 읽어보자. 책을 읽으며 나의 감정을 이해하는 시간을 갖도록 해야 한다. 책을 읽다 보면 전우를 꼭 만나게 된다. 나와 경험이 비슷한 전우를 만나면 내 마음은, 나만 힘든 게 아니구나 싶어 위로받는다. 지금껏 잘 견뎌온 자신이 대견하게 느껴지기도 한다. 그동안 감정에 시달리며 살아왔던 자신이 측은하기까지 하다.

그렇게 어느새 내 마음은 평온함을 느끼게 되었다. 지금 감정에 힘들어하고 있는가? 그러면 책속 감정 전문가에게 도움을 요청해보자. 그러면 그동안의 고민이 아무것도 아니었다는 것을 느끼게 될 것이다.

사람의 감정은 늘 진실하다. 나의 감정을 숨기지 말고 있는 그대로 바라봐주자. 욱하는 감정을 그대로 방치하면 소중한 나를 무너뜨리게 된다. 사회라는 구조는 내가 타인을 무시하며 혼자 살아갈 수 없다. 함께 살아가야 하는 이 세상, 무엇보다도 중요한 나의 감정을 진실하게 대하고 잘 지켜야 타인의 감정도 잘 지켜낼 수 있다. 그것이 따뜻한 사회를 만들어가는 원동력이 될 수 있음을 확인하게 되었다.

나를 살린 문장들

『걱정이 많아서 걱정인 당신에게』
한창욱, 정민미디어

"자주 분노하는 사람에게는 분노를 촉발시키는 격발점이 어딘가에 숨겨져 있다. 분노 패턴을 잘 들여다보면 그 격발 지점을 찾을 수 있다. (중략) '적'을 알고 '나'를 알아야 승리할 수 있듯, 나의 분노 패턴을 알면 분노라는 복잡한 감정을 조절할 수 있다. (중략) 분노는 일종의 블랙홀과 같다. 감정의 블랙홀로 빨려들어가고 싶지 않다면 자신의 감정 패턴을 찾아내서 만반의 준비를 할 필요가 있다."

— p.142~147

2

화나는 이유를 조목조목 적어보자

읽는 것만큼 쓰는 것을 통해서도 많이 배운다.

― 액톤 경

화의 근본 원인을 찾아야 한다

나는 순간 화를 참지 못했다. 나는 왜 그렇게 화를 잘 냈을까? 이유를 가만히 생각해보면 나를 무시하는 말투를 듣거나 모욕감을 주는 말에 화를 잘 냈던 것 같다. 그리고 내가 화를 내야 상대가 나를 얕잡아보지 않는다고 생각했다. 나는 그런 존재였다.

인테리어를 막 시작하던 때였다. 나는 잘해내고 싶은 욕심이 많았고, 그것이 마음대로 되지 않는 나에게 화가 났다. 그리고 고객과의 갈등에서 을의 입장일 수밖에 없는 상황은 늘 화근의 바탕이 되기도 했다. 그렇게 몸은 몸대로, 마음은 마음대로 힘들었다. 천근만근이 된 내 몸은 하루가 멀다하고 녹초가 되었다. 그렇게 집으로 퇴근하면 집은 집대로 잠시의 휴식을 허락하지 않았다. 집은 나의 손길을 기다리는 것들로 즐비했다. 어질러진 집 모양새는 짓눌렀던 화난 감정의 분화구였다. 그렇게 나는 화를 참지 못하고 애꿎은 아이들에게 화를 퍼붓기 일쑤였다. 참 못난 짓인지 알면서도 나는 내 감정을 잘 다루지 못했다. 나는 바깥에서 해결하지 못한 분노를 엉뚱하게 집에서 풀었다. 그러고 나면 내 마음 또한 불편했다. 매번 아이들에게 미안해하면서도 분노조절은 쉽지 않았다. 그런 나의 습관은 잘 고쳐지지 않았다.

사회에서 동료와의 관계에서도 나의 감정조절은 실패를 반복했다. 동료와의 대화 중 나를 무시하거나 폄하하는 말을 하면 여지없이 분노를 표출했다. 그런 나의 행동은 그들의 미간을 찌푸리기 딱 좋았다.

내가 책을 읽으며 알게 된 내 화의 근본적인 원인은 열등감이었다. 그 열등감은 나를 작아지게 만들었다. 나는 작아지는 나를 회복시키고자 일에 욕심을 부렸다. 그리고 나의 초라함을 내보이기 싫어 화로써 나를 꽁꽁 숨겼다. 그렇게 짓눌렸던 화는 어떤 특정한 순간에 불쑥 튀어나왔다. 근본적인 화를 치료하지 못한 나는, 분노를 조절하지 못하는 것이 당연했다. 이것은 오랜 세월 습관이 되어 반복되고 있었다.

김범준의 저서 『모든 관계는 말투에서 시작된다』를 읽으면서 화에는 근본 원인과 함께 말투가 상당한 연관이 있다는 것을 알게 되었다.

"무시의 말투로 상대를 쓸모없는 사람으로 느끼게 만드는 것, 얼마나 잔인한 일인가. 무심결에 누군가에게 무시의 말들을 건넨 적은 없는지, 내 기분, 내 컨디션에 따라 나도 모르게 상대를 기분 나쁘게 하는 말들을 건넨 적은 없는지 기억을 더듬어보자. 누군가를 무시하는 말은 상대방의 마음에 상처를 남기는 잔인한 말투임을 기억하고 절대 사용하지 않도록 조심해야 한다."

저자의 말처럼 서로가 서로에게 상처를 남기는 말을 하지 않도록 조심해야 한다. 그러나 서로 좋은 말만 하면 화낼 일도 없겠지만, 모든 사람이 그렇지는 않았다. 나 또한 열등감으로 인해 나를 무시하는 말투에 가장 격하게 반응했다. 나는 근본적인 화의 바탕이 해결되지 않은 상태였기에 기분에 따라 때로는 아무렇지도 않게, 때로는 불같이 화를 내기도 했다. 이렇듯 나의 일관성 없는 행동을 상대가 이해하지 못하는 것은 당연했다. 그리고 나의 열등감은 나의 자존감을 낮게 만들었다. 그로 인해 상대의 무시하는 말투는 모두 나를 향한 것처럼 느껴졌고, 그것을 이기지 못해 화를 내고 말았다.

화에는 근본 원인이 있었다. 그렇지만 화의 원인을 안다고 하더라도 오랜 습관은 잘 고쳐지지가 않았다. 화가 났을 때 화를 가라앉힐 수 있는 방법이 필요했다.

〈우먼센스〉라는 여성잡지에서 당신이 진짜로 화내는 이유에 대해 이렇게 연재했다.

"서울백병원 정신건강의학과 우종민 교수는 화가 났을 때 즉각적으로 행동하지 말고 뇌의 흥분 상태를 가라앉히는 방법을 찾을 것을 권한다. 당장 화가 치밀어 오르더라도 분노 호르몬은 15초 정도면 사라지기 때문에 이를 견딘 뒤에 화를 낸다면 좀 더 건설적으로 화를 풀 수 있다는 것. 눈을 감고 아무 생각을 하지 않거나, 산책을 하거나, 자리에 앉아 낙서를 하는 등 자신만의 방식으로 화를 잠재운 뒤 분노를 표출하면 긍정적인 결과를 얻을 수 있다."

나는 우종민 교수의 말처럼 즉각적인 흥분 상태를 가라앉히는 방법 중에 글을 쓰는 방법을 활용했다. 화가 난 그날은 아무 종이에다 마구 낙서를 했다. 처음 시작은 낙서였고, 그 후론 화가 났던 이유를 조목조목 적기 시작했다. 처음에는 상대에 대한 원망과 분노, 질타였다. 그런데 어느 순간 나를 화나게 한 상대의 입장을 하나씩 적고 있었다. 그러면서 점점 나의 감정은 누그러지기 시작했다. 그리고 상대에 대한 나의 진심을 적고 있었다. 상대를 이해하는 말도 적었다. 그런 자신을 보며 피식 웃음이 났다. 그렇게 쓴 글의 마지막은 늘 반성과 후회, 상대에 대한 연민으로 끝을 맺었다. 하얀 종이가 새까맣게 변할 때쯤이면 내가 화난 이유가 뭔지도 기억을 못했다. 어느새 내 마음은 언제 그랬냐는 듯 따뜻한 행복으로 회복되어 있었다.

정말 신기했다. 글을 쓰며 반성을 하게 됐고, 그런 자신을 바라보며 자신을 이해하려 애썼다. 상대에게 말하지 못했던 나의 감정을 편지 속에 마구 쏟아내고 나니 내 마음은 쉽게 정화되었다. 그러면서 한층 성장하는 나를 보며 뿌듯하기도 했다. 화가 났을 때 화를 가라앉히는 데는 글쓰기만 한 게 없었다. 정말 적극 추천하고 싶은 방법이다.

『1일 1행의 기적』에서 유근용 저자는 이렇게 말한다.

"우리 모두에게는 열등감이 존재하고 이를 보상받기 위한 우월추구의 경험이 있다. 이는 동물적 에너지이자 인간의 기본적 동기이기 때문이다. 그래서 의식하지 않은 상태에서도 힘을 발휘한다. 즉 열등감도 제대로만 활용하면 성장의 동력이 된다는 뜻이다. 현재의 부족한 나에게 만족하지 않고 한걸음이라도 더 나아가기 위한 발판으로 삼는다면 열등감은 아주 좋은 연료다."

저자의 말대로 나의 열등감은 나의 성장에 에너지가 되었다. 나는 책을 통해 나의 분노를 따라가 내 마음속 감정을 들여다볼 수 있었다. 그리고 그 분노의 뿌리를 찾을 수 있었다. 그 분노의 뿌리는 열등감이었다. 그렇게 그 속에 있었던 열등감과 콤플렉스는 나의 성장에 발판이 되어주었다.

책은 당신의 분노의 뿌리를 찾아내 당신을 용감한 사람으로 만든다. 책은 오롯이 나로 살아갈 수 있도록 방법을 안내해준다. 책은 사람을 성장시키고 발전시킨다. 정말 당신이 분노에서 벗어나고 싶다면 책을 통해 조언을 받아보자. 당신의 안방에서 전문가의 컨설팅을 받을 수 있는 절호의 기회가 된다.

아직도 화가 나면 못 참겠는가? 그렇다면 책을 들어보자. 지금 책을 드는 순간 당신은 당신을 지키는 가장 용감한 사람이 된다.

나를 살린 문장들

『메모의 재발견』
사이토 다카시, 비지니스북스

"정체를 알 수 없는 불안을 느낄 때 우리는 가장 괴로워한다. 그러나 불안을 느끼는 이유를 구체적으로 써 내려가면 막연한 느낌의 정체가 드러나면서 불안을 야기했던 요소들이 그다지 대수롭지 않게 여겨진다. 이처럼 마음속 답답한 뭔가를 글로 표출하는 일은 상당히 건설적인 행위다. 글을 씀으로 해서 마음이 개운해지고 다시 앞으로 나아갈 수 있다."

– p.45

이 책은 왜 메모해야 하는지를 말해준다. 나에게도 메모의 힘은 강력했고 나를 변화시켰다.

3

자존감에 대한 책을 5권 읽어보자

책 읽는 습관을 기르는 것은 인생에서 모든 불행으로부터
스스로를 지킬 피난처를 만드는 것이다.

— 서머셋 몸

어떤 이유로도 자존감을 포장해선 안 된다

나의 지인 A는 항상 자신감에 차 있었다. 무슨 일을 하든 타인 앞에서 당당했다. A는 평범해 보였지만 특별했다. 내가 본 A는 자기주도적인 삶을 살고 있었다. 항상 자신이 먼저였고, 그 다음이 타인이었다. 나는 그런 지인을 통해 나의 모습을 보게 되었다.

내가 인테리어 일을 할 때였다. 나는 고객과의 상담이 끝나고 우연히 A를 만나게 되었다. A와 대화 중에 내가 만났던 고객과의 상담 내용을 말하게 되었다. A는 상담 내용을 듣더니 나에게 여러 가지 조언을 했다.

고객 상대를 많이 한 A는 나와 고객이 동등한 입장이 아닌 내가 고객에게 끌려가는 느낌을 받는다고 했다. 무슨 약점이라도 잡힌 사람처럼 말이다. 나는 A의 조언을 듣고 여러 가지 핑계를 댔다. 지금까지 그랬기 때문에 당연히 그래야 한다고 했다. 그러자 A는 상담 내용과 나의 태도의 핵심을 짚으며, 고객 앞에서 당당하지 못하고 위축되는 나를 정확하게 꿰뚫어보았다.

나는 그 말에 펄쩍 뛰며 아니라고 했다. A에게 속마음을 들킨 것 같아 강한 부정을 해야 했다. 그러나 그런 행동 자체가 인정이었다. 자존감이 낮았던 나는 A 앞에서 발가벗겨진 느낌이었다. A의 말대로 나는 자존감이 낮았다. 고객 앞에서 특히 그랬다. 나는 20년 가까이 을의 처지에서 살아 그것이 습관되어 있었다.

나는 유독 인테리어 현장에서만 목소리가 컸다. 현장이 시끄럽기도 했지만, 현장에서만큼은 소위 갑이었다. 현장에서 농담처럼 갑질한다고 우스갯소리를 하곤 했다. 그렇게 나는 오랜 세월 동안 작업 현장에서 살았다. 나는 현장에서 막 써대는 말을 많이 사용했다. 때로는 더 오버해서 사용하기도 했다. 그 이유는 고객 앞에서는 소위 약자, 현장에서는 소위 강자. 고객 앞에선 어쩔수 없는 을의 입장으로, 현장에선 갑의 입장으로 살았던 것 같다. 내가 우위라는 것을 과시하는 행위이기도 했다. 그러나 위치만 갑일 뿐 을의 처지를 너무도 잘 이해하는 사람이었다. 나에게 현장 말투는 나를 보호하는 방어막이었다. 살얼음 같았던 나의 자존감이 혹시라도 깨질까 봐 나름 방어했던 것이다.

한창욱의 저서『품격 있는 대화』에서는 "자존감이 높은 사람이 품격 있게 말한다. 낮은 자존감은 은연중에 자기비하와 함께 부정적 세계관을 갖게 만들고 패배 의식 등이 드러남과 함께 품격 없는 대화로 인해 한층 더 낮아지는 자존감으로 악순환의 고리를 지닌다. 어렸을 때부터 존중받지 못하고 자랐거나 정신적으로 미성숙한 사람은 자존감이 낮다."라고 말한다.

자존감이 낮았던 나는 늘 비교하며 살았다. 나에게 비교는 생활이었다. 그 어떤 일도 예외는 없었다. 나만의 기준이 없었기 때문에 타인에게 늘 끌려다녔다. 나는 을의 처지라는 상황을 늘 핑계 삼았다. 그것을 핑계로 낮은 자존감을 포장했다. 나는 정신적으로 스스로 약자라고 생각했던 것 같다. 늘 남을 먼저 생각하다 보니, 나를 위하는 것이 이기적으로 느껴졌고, 그런 생각들이 많은 것을 감수하게 했다.

나는 당당하게 살고 싶었다

나는 어제 친정엄마에게서 낮은 자존감을 보았다. 요즘 엄마는 많이 외로워하신다. 엄마와 점심을 먹으러 가기 위해 준비를 하던 중 엄마는 내게 이렇게 말했다.

"내하고 같이 어디 가는 거 안 창피하나?"
"엄마 무슨 소리야? 창피하기는? 엄만데 창피는 무슨 창피? 별말씀을 다 하시네."

그렇게 답은 했지만, 마음이 아팠다. 엄마는 자신이 늘 창피하다고 생각한다. 딸과 함께 가는 엄마가 딸에게 민폐가 된다고 생각한다. 엄마와 언니랑 점심을 먹고 카페에 들렀다. 카페에서도 엄마는 먼 바다만 바라보며 축 늘어져 있었다. 그러고는 신세 한탄을 했다. 내가 왜 이렇게 되어버렸는지 모르겠다며 젊었을 때를 그리워했다. 엄마는 노인이기도 하지만 자존감이 많이 낮았다. 자신을 비하하는 것을 서슴지 않았다. 엄마는 자신을 창피해했고, 남과 비교했다. 나도 엄마처럼 환경만 탓하며 살았던 것 같다. 이런 환경들이 어렸을 때 나의 환경임을 감안하면 지금까지가 아주 정상적인 거였다.

엄마를 보면 볼수록 과거의 내 모습을 보는 것 같았다. 자존감 낮은 엄마를 보며 마음은 아팠지만, 엄마처럼 살고 싶지는 않았다. 나는 나와 엄마를 보호하기 위해서라도 절대 엄마처럼 그렇게 살지 않으리라 다짐했다. 어렸을 적에 기억하는 엄마는 무척 강했다. 어떤 일이든 알아서 척척

해내는 억척이었다. 그러나 지금은 그 모습이 아니었다. 노인이어서 그렇다고만 생각했는데 그게 아니었다. 근본적으로 엄마는 나약했다. 여렸고 자존감도 낮았다. 엄마 자신의 그런 모습은 우리를 당당하게 키울 수가 없었다. 내가 아이를 키워보니 그렇다. 노인이 된 엄마가 안타깝고 마음이 아팠다. 자신을 너무 하찮게 보는 엄마를 보노라면 속상했다.

나는 당당하게 살고 싶었다. 과거에 매여 있고 싶지 않았다. 나에게 주어진 것은 과거가 아닌 현재이며 그것에 충실하고 싶었다. 지금껏 살아온 과거의 나를 벗어던지고 싶었다. 그리고 오롯이 나를 찾아 그 존재 자체로 살고 싶었다.

책은 나에게 자존감이 뭔지 알게 해주었고, 나를 존재 그 자체로 인정해주었다. 엄마의 딸도 아닌, 아내도 아닌, 아이들의 엄마도 아닌, 어떤 상황에 처한 내가 아닌 순수한 나 자체를 존중해주었다. 나는 책을 통해 비교하지 않고 살아 가는 방법을 터득할 수 있었다. 나는 지금 타인과 비교하지 않으려 노력하고 있다. 나는 책을 통해 나의 존재를 확인하고 한없이 울었다. 그 울음 속 수많은 감정에 만감이 교차했다. 희열과 외로움, 격함, 불쌍함, 뿌듯함 등 그동안 느끼고 살지 못했던 감정들이었다. 세상을 다 얻은 것 같은 기분이 들었다.

이글을 읽고 있는 당신도 나처럼 자존감이 낮다면 자존감에 관한 책을 읽어보자. 그러면 그동안 자신도 몰랐던 당신이 보인다. 누구의 엄마, 누구의 아빠, 누구의 가족, 누구를 위한 당신 말고 오롯이 당신의 존재 자체가 보이기 시작한다.

뿌연 안개 속에만 갇혀 있던 자신의 실체가 당신을 맞이하게 될 것이다. 그것은 자신만이 느낄 수 있다. 잊을 수 없는 그 감동은 책을 통해서만 가능했다. 시간이 지나 나 자체를 인정하며 사랑하다 보니 세상이 달라 보였다.

사람은 생각에 따라 얼마든지 변할 수 있다. 내 인생을 풍요롭게 살고 싶다면 스스로를 위해 변화시켜보자.

첫 번째 자신을 믿자.
두 번째 긍정의 마인드로 살자.
세 번째 당신의 장점에 초점을 맞추고 자신을 사랑하자.

당당하게 살려면 나의 존재 자체를 인정하고 사랑해야 한다. 그리고 자존감을 높여야 한다. 그렇게 하려면 나를 변화시킬 수 있는 도구가 필요하다. 나의 경험으로는 단연코 책이 최고였다. 책만이 나를 변화시킬 수 있었다. 자존감을 높이고 싶다면, 그래서 내 인생이 바뀔수만 있다면 지금 당장 책을 읽어야 한다. 당신의 자존감을 올려줄 수 있는 책은 늘 당신을 기다리고 있다. 당신이 행복해야 세상이 행복해진다. 행복한 삶은 당신만이 시작할 수 있다.

나를 살린 문장들

『상처받지 않고 나답게 사는 인생수업』
김달국, 더블엔

"자존감을 높이기 위해서는 먼저 나 자신을 사랑해야 한다. 그렇게 하기 위해서는 나를 알아야 하고 나만의 소중한 가치를 가지고 있어야 하며, 내가 더 나은 사람이 되고 있다는 믿음이 있어야 한다. 그렇게 쌓은 자존감은 내가 어려움에 처했을 때 비굴하지 않게 해주고 세상과 맞서 싸울 때 나의 행동에 확신을 갖게 해줄 것이다."

– p.18

'진작 자존감에 대한 책을 읽고 나를 보호할 걸.'
세상에 태어나 나를 아는 것이 가장 먼저 할 일이라는 걸 알게 했다.

4

유쾌발랄한 소설을 읽어보자

우리가 무슨 생각을 하느냐가 우리가 어떤 사람이 되는지를 결정한다.

– 오프라 윈프리

웃음은 행복을 안겨주는 바이러스다

인테리어를 시작한 지 몇 년 되지 않은 어느 날, 우리 사무실에 자주 오던 영업사원 A와 만났다. 그는 성격도 소탈하고 넉살도 좋아 사람들과 친화력이 있었다.

그날은 일과를 끝내고 A와 시원한 맥주를 마시며 담소를 나누었다. 4명이었던 걸로 기억한다. 현장 얘기로 분위기가 점점 무르익었고, 1차로 모자라 2차까지 가게 되었다. 평소 서글서글했던 A는 그날도 우리를 즐겁게 해주었다.

지금은 기억이 희미하지만 A로 인해 웃음보가 터졌다. 처음에는 현장에 있었던 에피소드로 웃기 시작했다. 그날 A의 웃음소리는 그야말로 기가 막혔다. 시간이 지나도 A의 웃음소리는 멈출 줄을 몰랐다. 웃음의 시작은 그것이 아니었지만, 나중에는 우리 또한 A의 웃음소리 때문에 데굴데굴 구르는 지경까지 가게 되었다. 한번 터진 웃음보는 멈추질 않았다. 웃음을 참는 것이 그렇게 어려운 줄 그날 처음 알았다. 내 기억으로는 몇 시간 동안 계속 웃었던 것 같다. 나중에는 배도 아프고 머리도 아파서 서로가 서로에게 제발 그만 웃자고 했다. 그렇게 웃다가 쓰러지다가를 반복하기를 몇 시간을 한 것 같다. 웃는 데 진이 빠지기는 처음이었다. 지금도 생각만 하면 우습다. 그 식당에 있던 다른 손님이 도대체 무슨 일인지 구경을 오기도 했다. 그날은 정말 배가 아파서 기어나오다시피 그곳을 나왔던 기억이 난다.

웃음은 정말 행복을 안겨주는 바이러스다. 웃음은 전염성이 강해 한번 전염되면 순식간에 퍼진다. 웃음은 퍼트린 사람도 기분 좋지만 받는 사람 또한 행복균이 오래 남는 바이러스다. 내가 태어나서 그만큼 오래 웃어본 적은 없던 것 같다. 그때의 기억은 아마도 평생 갈 것 같다. 그리고 그 웃음은 두고두고 내 몸속에 남기고 싶은 바이러스였다.

세상은 하루하루의 연속이다. 그속에서 우리는 복잡 다단한 감정을 만

나며 살아간다. 우리의 감정은 나를 표현하는 가장 솔직한 마음이다. 웃고 울고 화내고 속상해하고 감격스러워 하는 감정들이 나를 대변하고 있다. 우리는 지금까지 감정을 표현하는 법을 배우지 못했다. 그래서 나 또한 감정을 숨기는 데 급급했다. 내 마음이 어떤지, 내 감정은 어떤 상태인지 살펴볼 새도 없이 상대의 반응에 맞추어 행동해왔다. 나는 지금껏 그렇게 감정은 숨겨야만 되는 줄 알고 살았고 내 마음을 내비추면 안되는 줄 알았다.

『당신이 옳다』에서 저자 정혜신은 말했다.

"감정은 존재 자체다. 그리고 감정에는 나도 있고 너도 있다."

나는 나의 감정을 무시했고, 타인의 감정만 우대했다. 그곳에 내 존재는 없었고, 타인의 존재만 있었다. 철저하게 나는 투명인간이었다. 그렇게 살았던 삶이 내게 돌려준 것은 상처와 나의 자존감 파괴뿐이었다. 나를 보호하기 위한 방패는 갖추지도 못한 채 그저 타인이 나에게 상처 주지 말기를 바랄 뿐이었다. 사람은 감정의 동물이다. 좋았던 감정은 오래오래 남고 다시 기억해도 좋지만, 아팠던 기억은 피하고 싶어 한다. 그러다 가슴속에 묻히게 된다. 아팠던 감정은 작은 기억에도 불쑥 튀어나온다. 나는 지금껏 나쁜 감정에 대해 부정적인 시선이었다. 좋은 감정은 받아들였고, 나쁜 감정은 외면했다. 그렇게 나의 감정들을 차별대우했다.

행복해서 웃는 것이 아니라 웃어서 행복하다

나의 지인은 기분이 좋지 않을 때 판타지 소설을 읽는다고 했다. 기분 전환이 필요할 때 자신이 쓰는 방법이라고 했다. 판타지 소설을 읽을 때면 자신에게만 집중할 수 있고 다른 곳에 신경 쓰지 않아 좋다고 했다. 타인과의 관계에서 분노를 일으키거나 감정 조절이 되지 않을 때는 다른 곳으로 신경을 돌리는 것도 좋은 방법이다. 자기 일에 집중되어 있다 보면 어느새 분노가 수그러들기 때문이다.

소싯적에 읽었던 하이틴 로맨스 소설을 읽었을 때만 생각하면 입가에 미소가 지어진다. 학창 시절에 읽은 하이틴 로맨스에는 멋진 남자들만 등장했다. 우상인 멋진 남자가 등장하면 얼마나 설레었던지. 그때를 생각하면 마음만은 아직 소녀 감성이다. 그 소녀 감성은 TV에 내 자식과 같은 나이의 남자 연예인을 보면서도 느껴졌다.

나는 한때 MBC 드라마 〈해품달〉에 나오는 김수현을 좋아한 적이 있다. 그때는 그 드라마에 푹 빠져 소녀 감성을 제대로 방출했다. 옆에서 같이 보던 남편은 내게 나이가 몇살인데 아직도 두근거리냐며 핀잔을 하곤 했다. 그래도 남편이 질투하는 척 하는 거겠거니 하며 세상 행복했다.

그때만 생각하면 지금도 두근거리고 설렌다. 나이가 들어도 감성은 나이 들지 않나보다.

화가 나거나 기분이 우울할 때 유쾌 발랄한 소설을 한번 읽어보자. 그 생각과 행동만으로도 우리의 감정은 정화가 된다. 코미디 영화를 보는 것도 괜찮다. 코미디 영화는 웃음도 주고 감동도 준다. 한편의 영화는 긴 여운을 남기기도 한다. 이렇게 익숙했던 환경에서 벗어나 다른 경험을 하면, 욱했던 감정의 실마리가 풀리는 계기가 될 수도 있다.

벌써 15년도 훨씬 넘은 일이다. 명절을 맞아 친정에 아이들을 맡기고, 작은언니네와 우리는 영화를 보러 갔다. 영화관은 B마트 안에 있었다. 영화의 묘미에서 빠질 수 없는 팝콘과 콜라를 들고 명절의 자유를 만끽했다. 그때 봤던 영화가 황산벌이었던 것으로 기억한다. 황산벌은 코미디 영화였다. 나는 그 영화가 끝나고 화장실에 갔었다. 화장실을 다녀온 나는 눈앞에 펼쳐진 광경에 의아해했다. 무슨 일이 있었는지 B마트 매장은 온통 웃느라 난리법석이었다. 무슨 영문인지 말도 하지 않고 웃는 통에 영문도 모른 채 나도 따라 웃었다.

애기인즉슨 이랬다. 형부는 콜라를 들고 계단을 내려가고 있었다. 그런데 발을 헛디뎌 30여 개 되는 계단을 가까스로 내려오게 되었는데, 형부는 손에 들고 있던 콜라를 쏟지 않으려고 무진 애를 썼다. 평소 운동을 좋아했던 형부의 운동 신경이 그때 발휘되었다. 한 손에 콜라를 들고 긴 다리를 쭉 뻗어 어정쩡한 자세로 내려가야 했다. 눈썰매 탈때의 자세였던 것 같다. 그 상황을 지켜본 마트 점원들을 포함한 주변 사람들은, 혹여 형부가 다칠세라 숨죽여 그 광경을 지켜봤다. 형부는 한 손에 콜라를 들고 30여 계단을 같은 포즈로 내려왔고, 어~어~어~ 하는 구령과 함께 엉덩방아를 콩콩콩 찧으며 맨 끝 바닥까지 찧은 후에야 일어났다. 마지막 바닥을 엉덩이로 찧고 난 후 '아이쿠 허리야.' 하면서 무사히 일어나는 형부를 확인한 사람들은 그제야 웃음보가 터져 온매장을 뒤덮었다. 위험한 상황임을 감지하면서도 그 모습이 어찌나 웃겼던지, 웃음을 억지로 참고 있었다고 했다. 그렇게 형부가 무사하자 빵 터졌다는 거였다. 그 일로 점원들을 포함, 마트 전체가 떠나가도록 웃고 난리가 났었다. 영화를 보고 집에 가는 내내 그 광경 때문에 웃음이 끊이질 않았다. 코미디 영화를 보고 나오면서 형부는 또 우리를 웃겨주었다. 그 광경을 지켜보지는 못했지만, 그 상황을 들은 것만으로 배를 쥐고 웃을 일이었다. 지금도 명절에 모이면 그 이야기를 하며 또 웃는다. 두고두고 기억할 행복의 사건이었다.

행복해서 웃는 것이 아니라 웃어서 행복하다는 말이 있다. 세상에는 울어야 할 일 보다 웃어야 할 일이 더 많다. 울어야 할 일에 초점을 맞추면 울어야 할 일이 더 많고, 웃어야 할 일에 초점을 맞추면 웃어야 할 일이 더 많아진다. 그것 또한 자신의 선택이다. 나의 선택 하나로 자신과 가족이 행복할 수 있다면 웃을 일에 집중해보자.

프랑스 출신 수필가 도미니크 로로의 『심플하게 산다』에서 저자는 "우리는 과거를 후회하거나 현재 속에 경직되어 있거나 미래를 걱정하는 데 너무 많은 시간을 보낸다."라고 말한다. 우리는 지나간 과거에 너무 많은 시간을 할애한다. 모든 것은 마음에서부터 싹이 튼다. 행복에 집중해보자. 행복이라는 마음의 안식처는 내 마음에 충분한 여백을 줄 것이다.

나를 살린 문장들

『행복을 풀다』
모가댓, 한국경제신문

"행복이라는 감정을 찾는 건 그다지 어렵지 않다. 우리가 엉뚱한 곳에서 행복을 찾아 헤매고 있을 뿐이다. 우리는 행복을 궁극적으로 도달해야 할 목적지라 생각한다. 하지만 그 목적지라는 곳이 실제로는 우리 모두가 시작하는 곳이다. (중략) 행복을 '엉뚱한 곳'에서 찾으려고 발버둥칠 때도 다를 게 없다. 행복은 언제나 그 자리, 우리 안에 있다. 인간이란 존재가 애초부터 그렇게 설계돼 있기 때문이다."

– p.32

당신을 살린 한 권의 책

『말 그릇』
김윤나, 카시오페아

"사람은 자신의 품만큼 말을 채운다. 말 그릇이 큰 사람들은 공간이 충분해서 다른 사람의 말을 끝까지 듣고 받아들인다. 조급하거나 야박하게 굴지 않아도 되기 때문에 '그게 아니라', '너는 모르겠지만', '내 말 좀 들어봐.' 하며 상대의 말을 자르고 껴들지 않는다. 오히려 '그랬구나.', '더 말해봐.', '네 생각은 어때.'라고 하면서 상대방의 입을 더 열게 만든다."

– 31~32쪽

이 책은 사람은 말로 자신을 드러낸다고 말하고 있다. 말로 상처를 많이 받았던 나는 이 책을 읽으며, 나의 말 그릇 크기를 알 수 있었고, 나조차도 상대의 말에 끼어들거나 잘라버리고 있었다는 것을 알 수 있었다. 지금껏 나에게 상처를 준 상대만 비난했던 나를 뉘우쳤고, 나의 말버릇에 대해 반성했다. 나도 몰랐던 나의 행동을 알게 되면서 말 그릇의 품을 키워야겠다고 생각하게 해준 책이다.

5

펑펑 울 수 있는 책도 괜찮다

어떠한 일이 있더라도 꿈을 잃지 마라.
꿈은 희망을 버리지 않는 사람에게만 내려주는 신의 선물이다.

― 아리스토텔레스

그래도 괜찮아, 나는 강하니까

우리 집에서 제일 대장은 딸이다. 나는 아들에게 겪게 했던 시행착오
를 범하지 않기 위해 딸에게는 무조건 자신이 하고 싶은 것을 하라고 했
다. 딸은 고등학교 때부터 꾸준히 공부한 덕에 본인이 원하는 대학교를
갔다.

나도 엄마가 처음이라 자식을 키우며 첫째는 늘 기준이 되었다. 나는
두 번의 실수를 하지 않기 위해 부단히 노력했다. 어느 날 나는 딸에게
"엄마가 너무 몰라서 미안해."라고 말했다. 그랬더니 딸은 "엄마, 엄마도

엄마가 처음인데 뭘."이라고 말했다. 그런 딸이 너무 고마웠다. 어떨 때는 나보다 더 엄마 같은 대견한 딸이다. 참 기특하다.

아들과 딸은 사이가 참 좋다. 특히 아들은 어렸을 때부터 동생을 유난히도 예뻐했다. 어린이집에 다녔을 때의 일이다. 어린이집 선생님은 말했다.

"어머니, ○○이는 동생을 너무 예뻐해서 아무도 못 건드리게 해요."

둘 사이는 지금도 좋다. 나는 먹고사느라 바빠 딸을 못 챙겼다. 아들은 그게 마음 아팠던지 동생을 자식처럼 챙겼다. 그런 점이 너무 고맙고 대견했다. 내가 아이들을 돌보지 못해 마음 아파했던 반면 둘의 우애는 깊어졌다. 남편과 나 그리고 아들은 딸에게는 최대한 베푼다. 어렸을 적에 혼자 있게 했다는 미안함에 늘 마음이 아픈 때문이다. 딸도 그 마음을 안다. 그래서 더 고맙다. 그리고 딸은 내가 용돈을 보내면 필요한 만큼의 용돈을 제외하고는 다시 나에게 입금해버린다. 나보다, 남편보다 더 훌륭히 자라준 아이들에게 너무 감사하다.

딸이 초등학교 4학년 때의 일이다. 학교 내 예술제가 있었다. 예술제를 보러 가는 날 아침 딸은 나에게 이렇게 말했다.

"엄마, 오늘 학교에 오면 작품 보고 울지 마."

나는 어리둥절해하면서 학교를 갔다. 딸의 글짓기 작품을 찾아 그 자리에 섰다. 나는 그 순간 얼음이 되었다. 딸의 작품 제목은 '난 강하니까'였다. 가슴이 미어지는 듯했다. 대견스럽게도 나의 딸은 나의 모습을 미리 그렸던 거였다. 엄마의 모습을 그리며 울지 말라고 했던 것이었다. 딸은 늘 혼자였고 자신은 외로웠다고 적혀 있었다. 그러면서도 그 글 속에는 "그래도 괜찮아. 나는 강하니까."라고 적혀 있었다. 그렇게 마침표를 찍은 딸의 얼굴이 아른거렸다. 나는 가슴이 아려와 딸을 힘껏 껴안았다.

딸은 지금 대학원 준비를 하고 있다. 본인이 좋아하는 진로를 선택해 열심히 고군분투 중이다. 나의 딸은 아빠와 성향이 비슷하다. 그래서 딸은 현실주의에 가깝고, 나는 이상주의에 가깝다. 딸은 평소에 엄마를 잘 이해해주고 자신과는 다름을 인정한다. 딸은 철이 일찍 들었다. 그래서 그런지 때로는 엄마와 딸의 위치가 바뀐 듯 행동한다. 우리 가족은 경제적으로 넉넉하진 않아도 마음만큼은 행복한 집이다. 그렇기에 우리 가족은 마주앉을 시간은 부족해도 따뜻한 카톡방을 제대로 활용한다.

참지 말고 아이처럼 우는 것도 괜찮다

어느 날 서울에서 딸과 식사를 하며 나눈 이야기다. 딸은 내가 성공하고자 하는 욕망이 강하다는 것을 알지만 엄마가 성공에 목매는 모습이 안타까웠던 모양이다. 딸은 이렇게 물었다.

"엄마는 왜 그렇게 성공하고 싶어?"

"너희를 위해서 그러지. 너희가 잘 먹고 잘살게 해주고 싶으니까. 엄마 아빠는 너무 고생해서 너희만큼은 잘살게 해주고 싶어."

그렇게 답했더니 의젓한 딸은 내게 이렇게 말했다.

"우리는 괜찮아, 엄마. 우리 앞길은 우리가 다 알아서 하니까 성공해서 돈 벌면 엄마 아빠 다 해. 그리고 나는 그렇게 성공에 목매고 싶지 않아."

딸은 자기 주관이 있었다. 나의 염려와는 달리 씩씩했다. 독립생활을 일찍 시작했기 때문인가? 나는 떨어져 지내는 딸만 생각하면 늘 마음이 아리다. 사회에서 잘 견뎌내야 할 텐데 하는 걱정도 한다. 그러나 대한민국 청년으로서 현실에 아주 잘 적응하고 있었다. 머리가 굵어지니 각자 삶에 충실한 것 같아 뿌듯하기도 했다. 그리고 괜한 걱정을 하고 있다는 생각도 들었다. 딸은 이상적인 나를 가끔 철부지 엄마로 본다. 그날 딸과의 점심식사는 나를 안타깝게 바라보는 것으로 끝을 맺었다. 대구에 도착하니 딸에게 전화가 왔다.

"엄마, 아까는 너무 야박하게 얘기한 것 같아 미안해. 엄마 하고 싶은 거 열심히 해. 응원할게."

딸은 이렇게 속내를 말했다. 나의 딸은 어릴 때도 속내를 내보이지 않으며 늘 괜찮아했다. 부모의 힘듦을 항상 이해해준 속 깊은 딸이다.

어느 날 나는 학업 콤플렉스로 인해 대성통곡한 적이 있다. 학력에 대한 불이익을 받고 온 날이었다. 자존심이 너무너무 상해서 얼마나 서럽게 울었는지 모른다. 남편과 아이들 앞에서 큰소리로 펑펑 울어댔다. 얼마나 억울했던지 펑펑 울어대는 내 모습이 마치 어린아이 같았다고 했다. 그때 딸은 내게 자기가 돈을 벌어 엄마 대학교 보내준다며 기특한 소리로 나를 달랬다. 속상해하는 엄마의 등을 토닥이는 딸이었다. 남편도 한 맺힌 나를 바라보며 가슴 아파했다. 나는 그렇게 한참을 울고 난 후 다시 어른으로 돌아왔다. 가슴이 후련했다.

고등학교 때였던 것으로 기억한다. 연인이 나오는 소설책이 있었다. 사실 너무 오래된 책이라 제목은 모르겠다. 주인공 이름은 윤희였고, 남자친구가 장애인이었던 연인의 절절한 사랑 이야기였다. 그 소설책은 읽는 내내 처음부터 끝까지 울었다.

이처럼 슬픈 소설책을 활용해 묵혔던 울음을 훅 터트려 보는 것도 괜찮다. 울고 싶을 때 실컷 울고, 웃고 싶을 때 실컷 웃자. 때로는 나처럼 아이같이 펑펑 울어보자. 마음속 응어리들을 울음이란 슬픈 감정을 이용해 씻어내보자. 가슴에서 뭔가 뻥 뚫리는 느낌이 들것이다. 그것만으로도 감정 문제는 어지간히 해결된다. 그렇게 울고 나면 생각이 정리되고 나를 객관적으로 바라볼 수 있게 된다.

사람이 감정을 표현할 때는 그만한 이유가 다 있다. 감정은 항상 진실하며, 진실만 표현한다. 자신의 감정 상태를 이해한다는 것만 해도 우리는 성공한 것이다. 슬픈 감정은 오래 보관하면 할수록 내 마음만 황폐해진다. 슬픈 감정을 오래 가지고 있다는 것은 내 행복의 시간이 점점 줄어들기를 기다리는 것과도 같다.

『연탄길』
이철환, 생명의 말씀사

““세상의 모든 것들은 결코 하나의 의미로만 존재하지 않는 거야. 슬픔도 그리고 기쁨까지도……. 힘겨워도 견디고 또 견디다 보면 언젠가는 슬픔도 아름다운 노래가 되거든…….” 마음이 아픈 날이면 명지는 늘 아빠 품에 안겨 울었다. 소리 내어 운 것은 명지였지만 눈물은 아빠 가슴속으로 더 많이 흘러내렸다.”

– p.189

이 책은 처음부터 끝까지 나를 울렸다. 남에게 휘둘렸던 내 삶마저도 책 속 그들에 비하면 과분했다는 것을 반성하게 한 책이다.

6

행복에 관한 책을 읽고 마음을 적어보자

오랫동안 꿈을 그리는 사람은 마침내 그 꿈을 닮아간다.

– 앙드레 말로

마음의 창문만 열면 행복은 철철 흘러 넘쳤다

내가 가장 행복했던 기억을 떠올리자면, 우리 아이들이 태어났을 때다. 철이 없을 나이 스물네 살. 나는 그때 덜컥 결혼했다. 내 딸의 스물네 살을 떠올리면 말도 안 되는 소리다. 내딸 나이보다 어린 내가 결혼을 했다니. 아이들의 성장기를 찍었던 사진을 가끔 본다. 앨범에 차곡차곡 예쁘게 정리한 사진을 보면 세상 행복하다.

첫째 아이가 태어나 고물고물 성장해 가는 모습을 카메라에 담았다. 그때는 사진에 한 장 한 장 이름을 붙여주고 글로 남겼다. 그 일은 내 평생에 가장 잘한 일이다. 아이들이 가정을 이루면 내가 만들어준 앨범을 보며 어린 시절을 영원히 기억할 테니까.

지금은 디지털 카메라로 인해 못난 사진을 지울 수 있다. 덕분에 예쁜 모습만 남는다. 지나고 보면 못나고 우스꽝스러운 사진들이 더 행복을 주는데 말이다. 그래서일까? 예전 아날로그 카메라가 그리울 때도 있다. 그때는 못난 사진도 어쩔 수 없이 남겨야 했다. 사진 현상에 들어간 돈이 아까워서라도 그랬다. 그러나 이제는 아이들의 우스꽝스럽거나 못난 모습의 사진은 남기게 되지 않는다. 지금도 집에는 어릴 적 추억이 담긴 비디오카메라와 테이프가 고스란히 자리하고 있다.

내가 결혼을 하고 나를 닮은 아이가 태어나고, 그 아이가 자라 성인이 된다. 부모에게 좋은 추억만 남기는 자식은 그 자체가 보석이다. 첫 아이가 고물고물할 때 입었던 배냇저고리를 둘째 아이에게 입히며 또 한 번 행복했다. 둘째 아이의 앨범에는 첫아이와 함께 한 사진들로 꽉 찼다. 그리고 '오빠랑 함께'라고 적었다. 그때의 앨범에는 주절주절 많이도 적었다. 그 순간의 행복이 지금도 전해온다.

나는 아이들이 아주 어렸을 때 남편의 친구들과 캠핑을 많이 갔다. 남편 친구들은 모두 비슷하게 결혼했다. 그래서 아이들 또한 비슷한 나이였다. 해마다 수시로 텐트를 들고 바다로 계곡으로 여행을 다녔다. 오랜 세월 함께했던 친구들이다. 서로의 인생 역사를 꿰뚫다시피 한다. 그랬던 아이들이 모두 성인이 됐다. 결혼 얘기가 나올 때가 된 나이다. 아이들의 어릴 적 추억은 아이보다는 어른들의 추억으로 더 가슴 깊이 남아 있다. 지금 생각하면 행복이란 별게 아니었다. 나의 과거 또한 한편의 행복 드라마였다. 행복은 따로 있는 게 아니라, 내 마음속에 이미 그득했다. 마음의 창문만 열면 행복은 철철 흘러 넘쳤다. 이것이 행복이었다.

행복은 이미 내 마음속에 그득하다

이철환의 『연탄길』이라는 책을 읽었다. '별이 뜰 때까지 우리는'이라는 내용이 나를 먹먹하게 했다.

초등학교 5학년 수연이란 주인공은, 엄마를 여의고 아빠와 함께 어린 동생들을 돌본다. 어린 나이지만 일찍 철이 들어 의젓했다. 그러나 돌아가신 엄마를 닮은 수녀의 품에 안겨 엉엉 우는 수연이는 영락없는 어린아이였다. 엄마를 그리워하는 수연이를 보며 너무 가슴이 아팠다. 나도 모르게 내 아이를 생각하며 엄청 울었다. 그러면서도 나는 행복함을 느꼈다. 나는 책의 수연이에게 이렇게 편지를 썼다.

'수연아 힘내라! 내가 응원해줄게. 그리고 수녀님이 옆에 있잖아. 힘내서 이 세상 함께 살아보자. 나도 힘낼게. 너를 보니 내가 미안해지는구

나. 그리고 뭔지 모를 힘이 나는구나! 너도 이렇게 용기 내어 살아가렴. 고맙고 미안하다. 수연아!'

　나는 『연탄길』에 나오는 초등학교 5학년 수연이를 통해 많은 깨달음을 얻었다. 수연이의 마음은 아팠지만 나는 수연이를 통해 염치없이 행복했다. 나의 어릴 적 환경을 생각하며 부모님께도 감사했다. 그리고 내 아이들을 생각하며 지금의 환경에 감사했다. 그렇게 수연이를 보며 지금 이 순간이 감사하고 행복했다. 지금도 내 가슴속 수연이는, 영원한 내 마음의 꽃밭이다.

　행복에 관한 책을 읽어보았다. 다른 사람들에게는 어떠한 행복이 있는지 염탐해보았다. 나의 우울했던 감정은 순식간에 행복 바이러스에 감염되었다. 다른 사람의 행복은 나를 더 행복하게 만들었다. 행복은 행복을 낳았다.

　나는 내가 읽었던 모든 책의 여백에 그때의 감정을 기록했다. 가슴 깊은 곳에 박혔던 속내를 책에 토해냈다. 행복했던 기억을 적으며 깔깔거리기도 했고, 때로는 저자에게 하소연하기도 했다. 그리고 나 같은 주인공에게 마구마구 질타도 했다. 그렇게 토해내고 나면, 나를 돌아보게 되었다. 행복은 내가 행복해하면 그것이 곧 행복이었다. 행복은 마음에서

왔다. 내가 읽어보고 글로 써보니 그런 답을 얻을 수 있었다. 아주 작고 사소한 것들이 내게 행복을 가져다주었다. 그렇게 행복은 내가 만드는 것이었다.

짧은 글이어도 좋다. 책을 읽으면 행복을 느끼게 된다. 느낀 그대로를 글로 표현하면 더 행복해진다. 행복에 관한 책을 읽으면 무심코 잊고 있었던 작은 것에도 행복을 느낀다. 그 느낌은 내 마음에 평온을 가져오고, 그것은 현실의 고마움으로 변한다. 모든 것이 내 마음먹기에 달려 있다. 책을 읽는다는 것과 글을 쓴다는 것은 달랐다. 책을 읽는다는 것이 마음의 상처에 거즈를 덮어주는 것이라면, 글을 쓴다는 것은 마음의 상처에 고름을 빼주는 것이었다. 그렇게 고름 뺀 자리는 행복이라는 새살이 돋아나는 것이었다.

마음의 상처에서 벗어나고 싶은가? 그렇다면 행복에 관한 책을 읽어보자. 그리고 그 느낌을 글로 적어보자.

내가 경험한 것처럼 당신도 행복을 만날 수 있다. 당신을 행복하게 해주는 책은 그 자체만으로도 쾌감을 주지만, 자신도 모르는 사이 주인공을 따라 희로애락을 즐기게 된다. 그러고 나면 당신은 언제 그랬냐는 듯 호탕하게 웃는 자신을 만난다. 그것이 행복이다.

마냥 멀리에만 있을 것 같았던 행복은 당신 곁에, 나의 곁에 있었다. 지금 당신을 기다리고 있을 당신의 행복을 찾으러 책속으로 들어가보자. 책은 행복을 채워줄 수 있는 유일한 도구이다. 그 또한 당신이 선택하는 것이다.

나를 살린 문장들

『기적의 손편지』
윤성희, 스마트북스

"손으로 편지를 쓰다 보면 마음이 흘러가는 대로 글을 쓸 수밖에 없다. 아무리 머릿속으로 계산된 글을 쓰려고 해도 펜은 머리가 아닌 가슴으로 나오는 말들을 받아 적기 때문이다. 손편지는 종이를 펼치고 펜을 잡은 이상 마음이 흘러가는 대로 놔둘 수밖에 없는 것이다."

– p.23

쓰기를 좋아했던 나. 시대의 흐름과는 별개인 아날로그의 힘. 나의 글은 손이 썼지만 나의 마음은 행복을 썼다. 이 책은 글의 소중함과 글이 주는 감동을 다시 알게 해주었다.

7

집 근처 카페에서 1시간 동안 책을 읽어보자

한 문장이라도 매일 조금씩 읽기로 결심하라.
하루 15분씩 시간을 내면 연말에는 변화가 느껴질 것이다.

— 호러스맨

그때의 감동을 잊을 수가 없다

나는 가끔 퇴근길에 송해공원을 간다. 그곳에는 멋진 카페들이 있다. 나는 바다를 좋아한다. 그러나 대구는 바다가 없다. 그래서 바다가 보고 싶을 때 송해공원을 간다. 그곳에 있는 저수지가 바다를 대신한다. 그래도 정말 바다가 보고 싶을 때는 엄마와 언니가 있는 포항으로 가곤 한다. 그곳에서 바다를 보고 있노라면 세상 누구도 부럽지 않다. 바다는 나의 안식처 같은 곳이다. 오롯이 내 존재 자체를 만날 수 있기 때문이다.

김범준의 저서 『나는 매일 책을 읽기로 했다』에서 저자는 아메리카노 독서를 한다.

"나는 하루에 꼭 한번, 카페에 간다. 주로 퇴근길에 집 근처 카페에 간다. 바로 책을 읽기 위해서다. 무더운 날에는 시원한 커피를, 쌀쌀한 날에는 따뜻한 차를 마시면서 분위기 있게 책을 읽는 것도 좋지만 지나간 일들에서 벗어나 혼자 조용히 있을 수 있다는 점에서 선호한다. 내 생각에 카페는 독서를 위한 최고의 장소다. 읽기만 그런가? 쓰기도 마찬가지다. (중략) 한 카페에 오래 머물며 책을 읽지 않는다. 이건 나의 집중력과도 관계가 있다. 아무리 책이 재미있어도 한 시간 정도로만 그 카페에서 책을 읽는다. (중략) 카페를 활용해 책을 읽다 보면 한 시간이 금방 간다. 그리고 생각보다 집중력도 높아 책 내용도 기억에 잘 남는다. 카페에서 쓴 비용이 그리도 아깝다면 소중한 내 시간을 내가 돈 주고 샀다고 쿨하게 생각하면 된다. 세상 그 무엇보다도 소중한 시간을 알뜰하게 사용하는 데 돈을 썼는데 뭐가 아까운가. 자기 자신에게 그 정도는 투자해도 된다."

저자는 시간을 내어 책 읽기를 권한다. 그리고 집 근처 카페에서 책 읽기를 권한다. 그리고 1시간 간격으로 여러 군데의 카페를 돌아다니며 책을 읽는다고 했다. 그 정도는 자기 자신에게 투자하라고 말한다. 나는 이 책의 제목에 반해 골랐다. 내가 가장 힘들 때 이 책이 나를 구해준 거나 진배없다. 그렇게 내 마음이 이 책을 당겼다.

나는 상처받은 내 마음을 어떻게든 공감 받고 싶었다. 때마침 책이 나의 목마름을 해소시켜주었고, 책을 어떻게 읽어야 할지 뭐부터 읽어야 할지 몰랐을 때, 이 책은 그 길을 안내했다. 그리고 내게 카페라는 최적의 장소도 알려줬다. 나는 저자가 말한 대로 카페에서 책을 읽었다. 주변의 잡다한 잡음들은 생각만큼 내 귀에 들어오지 않았다. 읽고자 했던 마음이 강렬해서 그런지 의외로 나에게는 백색소음이었다.

그리고 지금은 습관이 되어 카페를 가지 않아도 어디서든 책을 손에 드는 것이 일상이 되었다. 이 책뿐만 아니라 여러 책에서 집 근처 카페를 추천한다. 집에서 가장 가깝고 편해, 습관들이기가 좋기 때문이다. 나 또한 사무실 근처 카페에서 책을 읽은 것이 시작이었다.

나는 여러 책에서 독서의 필요성과 중요성을 체험했다. 그 덕분에 내 마음도 보호받을 수 있었고, 치유될 수 있었다. 나처럼 어떤 이유를 만들어서라도 책과 친해지길 권한다. 나는 스스로의 변화가 간절했기에 직접 서점을 찾았다. 요즘은 인터넷 서점이 잘되어 있어서 인터넷 서점을 이용해도 되지만 나는 직접 서점 가기를 추천한다. 내 마음을 알아주는 책을 발견했을 때의 감동을 잊을 수가 없어서이다. 나는 서점에 진열된 책들의 제목에서도 내 마음이 많이 치유되었다.

사람마다 다르겠지만, 서점은 세련되고 직설적인 제목들로 우리 마음을 사로잡아 충분히 힐링될 수 있다.

자신을 변화시키는 데는 책이 일등이다

어느 날 CBS 〈세상을 바꾸는 시간 15분〉이라는 프로그램에서 책 잘 읽는 법의 저자 과시적 독서가 김봉진 대표가 나왔다. 저자는 책을 왜 읽느냐는 질문에 "있어 보이려고요."라고 대놓고 말했다. 저자는 과시적 독서가라고 스스로 말한다. 내 마음에도 김봉진 저자 같은 마음이 있었다. 정말 책을 읽고 싶은 이유는 있어 보이고 싶어서였다. 내가 언급하기도 했지만, 학업에 대한 열등감 때문에 있어 보이고 싶었다. 나에게 지적 이미지란 멋있는 수식어가 붙기를 바랐다. 김봉진 저자는 처음 과시적으로 보여주기 위해 책을 읽기 시작했고, 지적 이미지를 만들기 위해 책을 읽었다. 그리고 페이스북에 올리기 시작했다. 그러면서 독서가 시작됐다.

처음의 시작은 있어 보이기 위해서였지만 시간이 지나 처음 시작한 한 권이 1년, 2년, 5년, 10년이 쌓이게 되었다. 저자는 반문한다.

"누군가에게 보여주기 위해서 처음 시작했을 때는 자기 모습이 아니지만, 그것을 10년 가까이 하면 자기 모습이 될 수도 있지 않을까요?"

나는 책의 힘을 믿는다. 자신을 변화시키는 데는 책이 일등이다. 내가 겪은 바로는 그렇다. 시작은 미약하나 그 끝은 창대하리라 라는 성경에 나오는 말처럼 처음은 누구나 미약하다. 하지만 내가 바뀌고자 하는 절실한 마음만 있으면 시간이 해결해준다. 물론 자신의 노력이 뒷받침된다는 가정 하에서다. 세상에 노력 없는 결실은 없다. 하루 1시간 책 읽는 노력 없이 가만히 앉아서 자신이 바뀐다는 것은 어불성설이다.

이처럼 변화에는 실천과 노력이 필수다. 집 근처 카페에서 책을 읽을 때 목표를 정해보자. 목표를 정하는 이유는 다른 이유는 없다. 목표를 성취한 쾌감을 느끼게 되기 때문이다. 목표의 방법에는 시간을 정하는 것이 대표적인데, 그 목표는 각자의 습관에 따라 조정하면 된다. 『1일 1행의 기적』의 저자 유근용의 책읽기 목표는, 목차로 정하기를 추천했다. 여러 책에서 저자의 책읽기 습관을 습득해 자신에게 맞게 활용하면 된다. 1시간이 됐든, 목차를 정해 읽든 이것 또한 목표 달성의 기쁨을 맛보기 위함이다. 그래야 다음 과정을 성실히 해낼 수 있다. 목표를 정하지 않고 시작하면 언제든지 하면 된다는 안일함 때문에 흔들리기 쉽기 때문이다.

그래서 다독가들의 독서 추천방법을 실천해보는 것을 추천한다. 경험자들의 추천만큼 현실적인 것은 없기 때문이다. 독서가들의 방법을 참고하여 자신만의 독서습관을 터득해 나가면 된다. 그렇기 때문에 독서에 관한 여러 책들을 읽어보아야 한다. 그런 후 자기만의 노하우를 찾으면 된다.

사이토 다카시의 저서 『독서는 절대 나를 배신하지 않는다』에서 저자는 말한다.

"내가 어떤 사람인지 알고 싶다면 낯선 자극과 부딪히면서 익숙한 것을 다시 새롭게 볼 수 있어야 한다. 나와 전혀 다른 모습으로 산 사람을 만나거나 낯선 곳으로 여행을 떠나는 식으로 말이다. 갑작스러운 환경 변화 속에서 습관적이고 수동적으로 행동했던 나를 다시금 발견하고, 혹여 그 과정이 괴롭거나 실패로 돌아가더라도 내가 어떤 사람인지를 깨닫게 된다."

자신을 알아간다는 것은 정말 큰 깨달음이다. 어떠한 자극이든 낯선 자극을 받기 위해서는 도전은 필수이다. 책을 통한 깨달음은 익숙했던 세상을 새로운 세상으로 보이게 한다. 여행을 통하든 책을 통하든 새로운 환경이면 무엇이든 좋다.

자신을 알아가고 깨닫게 되는 것이 있다면 모든 것들에 나를 던져보자. 새로운 만남이 당신을 새로운 경험의 세계로 데려다줄 것을 장담한다.

감정은 나의 상태를 나타내는 표현이다. 나의 감정은 나의 자식과도 같다. 좋은 감정, 나쁜 감정 모두가 나의 자식이며 존중받아야 한다. 나의 어떠한 감정도 그대로 받아들이고 수긍하며 다독이고 치유해야 한다. 감정이란 자식은 억누르면 억누를수록 튀어오른다. 있는 그대로 인정하고 수용하며 이해해야 한다. 감정은 바로 나 자신이기 때문이다.

나의 감정을 차별대우하지도, 외면하지도 말자. 그것은 곧 자신을 버려두는거나 마찬가지이다.

나를 살린 문장들

『책 읽고 매출의 신이 되다』
고명환, 한국경제신문

"당신이 사는 곳 주변에 편하게 독서할 수 있는 공간이 있는가? 있다면 좋은 동네다. 당장 그 시설을 이용하라. 공원도 좋고 도서관도 좋고 커피숍도 좋다. 거기만 가면 책이 잘 읽히고 집중이 잘되는 곳이 있을 것이다. 그곳을 당신만의 독서 공간으로 활용하라."
- p.183

개그맨 고명환의 책읽기의 힘을 보여주었다. 저자도 나처럼 책 속에서 소개해주는 책을 통해 책이 이끄는 대로, 마음이 이끄는 대로 했던 저자의 생각에 공감이 갔던 책이다.

『1일 1행의 기적』
유근용, 비즈니스 북스

"부족하다는 건 채울 수 있다는 뜻이고, 약하다는 건 노력하면 더 강해질 수 있다는 뜻이다. 열등감은 나를 좌절시키는 굴레가 아니라, 부단히 나아지기 위해 노력하게 만드는 불쏘시개다. 열등감은 부족한 자신을 인정하고, 인정한 그 자리에서 스스로의 힘으로 한발 한발 나아갈 수 있도록 자극한다."

— 44쪽

20대 때부터 학업에 대한 열등감으로 인해 자존감이 낮았던 나를 일깨운 책이다. 나의 열등감과 콤플렉스를 항상 원망하며 살았던 내게 저자는 열등감을 성장의 동력으로 삼았다는 말에 가슴이 뭉클했다. 이 책은 그렇게 나의 사고를 뒤집어 놓았다. 모자라고 부족한 나를 채우고, 여렸던 나를 강하게 만든 자극제 역할을 한 책이다. 항상 계획만 하고 실천을 하지 못하는 사람들에게 자극제가 되는 책이다.

5장

독서는
내 삶의
기적 같은
혁명이었다

1

그때, 나에게 독서는 생존수단이었다

우리 자신의 발견은 세상의 발견보다 중요하다.

– 찰스 핸디

나는 전쟁에서 이기기 위해 책을 선택했다

삶은 전쟁이다.

전쟁터에서 이기려면 수단과 방법을 가리지 말아야 한다. 그리고 도구를 잘 활용해야 한다. 공격과 방어에 필요한 도구들을 제대로 갖추면 전쟁에서 이기기 쉽다. 시대적 배경을 무시한 도구들은 창이나 방패, 화살, 말, 총, 총알, 탱크, 전투기 등이 있다. 이 같은 도구와 장비를 수단으로 활용하면 된다. 전쟁터에서는 누구든 이기는 전쟁을 원한다. 지는 전쟁을 생각하며 전쟁터에 나가지는 않는다. 상대의 전략에 휘말린다 치더라도 마음은 이기는 전쟁의 결말을 안고 시작한다.

내 삶의 전쟁은, 지금껏 지고 싶은 전쟁을 자초했다. 처음부터 진다고 결론짓고 시작했다. 돌아보면 그렇다. 최소한의 장비인 방패와 창쯤은 들었어야 했다. 창이 없다면 방패라도 있어야 했다. 나는 창도 방패도 없이 전쟁했다. 그 결과는 대참패였다.

상대가 쏘아대는 상처란 창은, 내 가슴에 그대로 꽂혔다. 방패도 없이 전쟁하는데 이겨낼 재간이 없었다. 작렬이 전사하지 않은 것이 천만다행이다. 끈질긴 목숨이어서 그런지 아직도 잘 버티고 있다. 방패만 있었어도 참패는 아니었을 텐데 말이다.

창도 방패도 없는 전쟁터에서 내 몸은 잘도 버텼다. 죽을 고비를 넘기고서야 전쟁터에서는 도구를 활용해야 한다는 사실을 알게 되었다. 고통이라는 잔해가 남긴 했지만, 그 정도쯤 치워버릴 수 있었다. 방패만 있었어도 상처는 입지 않았다. 막을 수 있으니까. 이기기 위한 전쟁터가 아니라, 막기만 잘해도 살 수 있는 전쟁터였다. 그렇게 알게 된 도구는 내게 한 줄기 빛이었다. 그렇게 나는 책이란 도구와 함께 세상에 맞서게 되었다.

내게 삶은 전쟁터와 같았다. 살기 위해, 이기기 위해, 상대의 화살에 방어하기 위해 나를 단단하게 만들어야 했다. 상대는 창과 방패를 들고 힘없는 나를 마구 찔러댔다. 아무 도구도 없이 마구 찔리고 나면 진이 다 빠졌다. 방전이 된 휴대폰이 충전되는 것처럼 나는 내 인생의 충전이 필요했다. 애간장을 녹였던 애인이 돌아온 것 같이, 책은 그렇게 나에게 다가왔다.

　나에게 독서는 생존 수단이었다. 나는 살기 위해 책을 선택했다. 나는 미치도록 변하고 싶었다. 타인에게서 상처받는 자신이 못나 보였다. 타인에게 입는 상처는 매번 힘겹게 다가왔다. 무뎌질 법도 한데 그렇지 못했다. 그에 따르는 고통 또한 익숙할 만도 한데 그러지 못했다. 내 고통은 언제쯤이면 쾌락이 될까? 그렇게 나는 늘 나를 옥죄었다. 지금 생각하면 진작 쿨하게 전쟁에서 졌다고 인정할 걸 그랬다. 바보같이 세상의 전쟁터에서 나를 알아주도록 기다리고 있었다. 내가 세상의 전쟁터에 창과 방패를 가지고 다가서면 훨씬 빨랐을 것인데 말이다. 나는 자신을 변화시키기 위해 책을 스스로 찾았다.

생존에 겁박 받으면 변화는 식은 죽 먹기다
　시간이 지나면 고통은 약이 된다. 하지만 고통의 잔해는 기억저변에서 가시로 남는다. 책을 읽을 때마다 쑤셔 박혔던 잔인한 말은 다시 상처를 복원시켰다. 상처는 결론적으로는 약이 되었지만, 마음에선 독이 되었다. 나는 세상에 당당해지고 싶어 고통과 맞섰다. 그런 자신을 대견하게 생각하며, 나는 책으로부터 공감 받고 위로받았다. 그동안 환경 때문에. 타인 때문에. 때문에 핑계를 대는 자신을 버리기로 했다.

세상은 약육강식. 강한 자만이 살아남는다. 책이란 무기가 그렇게 알려줬다. 나를 강하고 단단하게 만들어야 삶이란 전쟁터에서 이길 수 있었다. 아니 이겨야 했다. 지금까지 졌던 전쟁에서 나도 한번쯤은 이겨보고 싶었다. 자신과의 싸움에서도 지고, 타인과의 싸움에서도 지는 바보 같은 삶과는 이별하기로 했다.

세상의 순리는 강자 앞에서 강하고, 약자 앞에서 약해야 한다고 생각한다. 늘 반대로 했던 나를 돌아보며 핑계 대는 삶과 절교하기로 했다. 순한 양이 독기를 품으면 밀림의 사자가 된다. 내가 그 독기는 품는데 필요한 수단은 바로 책이었다. 나는 내 삶에서 책을 수단으로 강한 독기를 품고 나를 무장시켰다. 그것만이 내게는 살길이었다. 제 아무리 세상이 험하다고는 하나, 진리와 정의는 존재한다.

나는 단단한 정의파가 되기 위해, 평생 책과 친구가 되기로 했다. 앞으로도 쳐들어오는 적군을 막을 재간은 없다. 그러나 내 몸과 마음이 튼튼한 도구가 되면, 충분히 승산이 있다. 내게는 나의 생존 수단인 책이 있으니까.

유독 강한 자 앞에서 약해지는 못난 나는 다시 살아나고 있었다. 이렇게 남은 인생을 헛되이 보낼 수는 없었다. 누가 내게 말했다. 참 힘든 인생을 산다고. 쉽게 사는 방법을 두고 힘든 길만 골라서 간다고. 그 잣대는 누가 만든 건지 모르겠다. 이제는 타인의 잣대에 나를 재지 않을 것이다. 남은 인생에서 쓰일 나만의 잣대를 만들어야 했다. 지피지기면 백전백승. 적을 알지 못하고 무조건 들이대는 인생은 이제 물리치기로 했다. 지금도 누군가는 나처럼 살아갈 것이다. 나의 경험이 누군가는 힘이 되리라 믿는다.

사람들은 변화를 두려워한다. 하지만 나처럼 생존에 겁박 받으면 변화는 식은 죽 먹기다. 그래서 미친 듯이 살기 위해 책을 들었다. 나를 변화시키지 않으면 세상이 나를 받아주지 않을 것 같아서. 타인과의 관계에서 지질하게 구는 내 모습이 싫어서. 지나다니는 벌레도 나를 우습게 보는 것 같아서. 그렇게 책은 삶이 조여 오는 순간에 숨통을 틔워줬다. 책은 나의 구세주였다.

『알면서도 알지 못하는 것들』의 저자 김승호 회장은 말한다.

"인생에서 모든 실패는 독이다. 어떤 실패는 성공의 발판이 되기도 하고 어떤 실패는 도움이 되기도 한다. 어떤 실패는 실패 자체가 성공이다. 실패는 실패를 어떻게 재사용하느냐에 따라 독 혹은 약이 된다. 나는 여러 번의 내 실패를 기억하고 있음에 감사한다. 그런 실패가 없었다면 지금 내 인생에 많은 면역체계를 갖추지 못했을 것이다."

나는 나의 실패를 재사용하고 있다. 그 실패는 나에게 희망을 주고 있다. 그 해답 역시 책에 있었다. 책은 나도 그렇지만, 누군가의 삶을 분명 바꾼다. 내가 경험했고, 성공자들이 경험했다. 내공이 깊다는 뜻은 그만큼 지식이 풍부하다는 뜻이다. 나는 앞으로 닥쳐올 어떤 고난과 시련에도 흔들리지 않고 방어하기 위해 독서를 수단으로 내공을 깊게 할 것이다.

많은 성공자들은 자신의 미래를 위해 투자하라고 한다. 책은 그만큼 투자 대비 몇 백 퍼센트의 수익을 낸다. 전 세계가 검증한 결과다. 한 권의 책은 그 사람의 인생이 집대성되어 담긴다. 성공자의 인생을 코앞에서 들을 수 있는 찬스를 나는 잡기만 하면 된다. 온갖 비법이 들어간 비밀문서를 내가 시간만 내면 받을 수 있다. 얼마나 감사한지 모른다. 분명 인생이 혁명적으로 바뀌는 데는 시간과 노력을 필요로 한다.

어제보다 나은 인생을 살고 싶으면 꼭 책을 읽어야 한다. 아까운 인생의 시간이 더 지나가기 전에 당장 책을 선택하길 바란다.

『김밥CEO』

김승호, 황금사자

"내가 이뤄놓은 그 어떤 것도 내가 상상하지 않은 것은 없다. 달리 말하면 지금 내가 이룬 모든 것은 상상으로부터 시작되어 현실화한것들이다. 독자 여러분이 지금 이글을, 출판된 책을 통해 읽고 있다면 그 또한 나의 상상으로부터 시작된 일이다."

– p.57

책을 읽는 내내 나에 대한 믿음과 용기를 얻을 수 있었고, 나도 할 수 있다는 가능성을 확신하게 만든 책이다.

2

지금도 그 가슴 벅참을 잊을 수가 없다

다른 사람들을 정복하는 사람은 강한 자다. 자기 자신을 정복하는 사람은 위대하다.

— 노자

꿈은 나를 배신하지 않았다

2019년 4월 18일.

아는 지인 중 아주 든든한 협력자가 있다. B는 S기업에 근무했던 소위 말하는 엘리트였다. 사무실에 자주 들르는 B는 우리와 진지한 토론도 자주한다. B는 많은 정보를 알고 있는 아이디어 뱅크였다. 그의 박식함 덕분에 도움도 많이 받는다. 서로의 미래를 응원하며 용기를 주는 참 진실한 사람이다.

그날도 여느 때와 같이 사무실에 왔을 때다. B는 독서를 많이 한다고 했다. 1000권쯤 읽었다고 한 거 같다. B의 박학다식은 다독인 듯했다. 나는 B를 보며 S기업 출신은 다르다고 느꼈다. 나는 B의 독서량을 듣고 나니 B가 달라 보였다. 그래서 그런지 그가 하는 말은 귀담아듣게 되었다. 그날도 그렇게 시작된 이야기였다. B는 책과 관련된 어떤 카페에서 자신이 느낀 점을 이야기를 했다. 나는 책을 많이 읽고 싶었던 터라 책이라는 말이 귀에 쏙 들어왔다.

내 자리로 돌아온 나는 인터넷 검색을 했다. 그리고 바로 그 카페를 찾아 바로 가입했다. 카페 가입양식의 자기소개에 하고 싶은 말을 나는 이렇게 썼다. '오늘 우연히 지인으로부터 이곳을 알게 되었습니다. 평소에 책에 관심이 많았는데 읽었던 책은 많지 않습니다. 자기계발서 위주로 조금씩 책을 접하던 중 좀 더 구체적인 책 읽기를 배우고 싶었습니다. 그러던 중 인스타에서 만난 『독서를 절대 나를 배신하지 않는다』라는 책을 통해 용기를 가지게 되었고 지금도 짬 내어 독서를 하는 중입니다. 그러다 보니 이 카페까지 오게 되었습니다.'라고 썼다. 그러자 잠시 후 그 카페에서 회원가입 축하와 함께 문자가 왔다. 강의에 참여하라는 문자였다. 나는 갑작스러운 문자에 당황스러웠지만, 나도 모르게 가슴이 뛰고 설레었다. 내 맘속의 열정이 살아나는 것 같았다.

그 카페에는 수많은 글이 있었다. 뭐부터 봐야 할지 몰랐다. 나는 그냥 책에 관심이 있어서 그 카페에 가입했는데 그곳은 책을 쓰는 곳인 듯했다. 책은 성공한 사람만이 쓰는거라 나와는 거리가 멀다고 생각했다. 그러면서 나는 그 카페의 아쉬움을 뒤로 한 채 회원으로 남아야 했다. 내게 책쓰기가 지금의 이런 변화를 가져올 줄 그때는 생각하지 못했다.

그날 이후 다시 현실로 돌아왔다. 그러던 어느 날 불현듯 그 카페가 생각났다. 그 카페는 젊은 열정가들로 북적거렸다. 나는 그곳에 나도 모르게 부러움의 댓글을 남기고 있었다. 평소 나는 나이가 무슨 걸림돌이 되냐며 큰소리친다. 그런데 막상 활기찬 젊은 열정가들의 모습을 보니 부러웠다. 나도 이럴 때가 있었나 싶었다. 그날의 댓글이 내 책 쓰기의 시작이었다.

포기하지 않으면 이루어진다

끌어당김의 법칙이 작용한 것일까? 나는 강의를 가게 되었고, 그날이 내 책쓰기의 운명이 시작된 날이 되었다.

강의을 듣고 돌아오는 기차 안에서 머릿속은 복잡해졌다. 내게 책 쓰기는 현실적으로 불가능했다. 현실은 내가 책을 쓸 수 있는 가능성이라고는 전혀 없었다. 잠시 다른 세계로 힐링한 것으로 만족해야 했다. 나는 안타까운 결론을 내릴 수밖에 없다는 생각에 기운이 빠졌다. 그리고는 집으로 돌아와 남편에게 그 일을 이야기했다. 남편은 나의 간절한 눈빛을 보고는 한번해보라고 용기를 주었다. 나는 남편의 말에 또 깊은 고민을 해야 했다. 나의 꿈에 한발 다가갈 기회였기 때문이었다.

지금껏 나는 도전과 실패를 밥 먹듯 했다. 그렇지만 포기하지 않았다. 실패는 늘 교훈을 남겼다. 나는 늘 부자가 되고 싶은 꿈을 꾸어왔고 성공하고 싶었다. 그것을 아는지 모르는지 주변사람들의 온갖 부정적인 말은 나를 채찍질해 주었다. 그중에는 내게 희망을 주는 사람도 있었고, 응원해 주는 사람도 있었다. 모든 사람들에게 그저 감사할 뿐이다. 앞으로도 나의 도전은 계속될 것 같다.

지금 쓰고 있는 이 책은 내 생애 첫 책이다. 그리고 내 삶의 혁명을 불러온 책이다. 그렇게 내 인생의 혁명은 시작되었다.

아침마다 책을 읽으며 마음을 정화시켰다. 그 아침이 내게 가져다준 행복은 나를 꿈꾸는 작가로 만들었다. 꿈을 버리지 않았더니 생긴 일이다. 유명한 론다 번의 『시크릿』을 읽은 지 7년 만의 결과다. 끌어당김의 법칙으로 나의 꿈은 시작되었다.

나는 밤이 새도록 수험생처럼 책 쓰기에 열중했다. 몸은 고되었지만, 기분은 날아갈 것 같았다. 나를 위해 책 쓰기에 투자하는 시간 자체가 정말 좋았다. 나는 책을 쓰며 내면의 나와 만나기도 했다. 서럽게 우는 내면의 아이는 나를 원망하고 있었다. 나는 내면의 아이에게 그동안 무심해서 미안하다고 말했다. 앞으로는 그러지 않겠다고. 정말 가슴 아팠다. 내면의 나를 몰라줬던 지난날이 후회되었다. 한참을 그러고 있는 나를 남편은 어깨를 도닥이며 위로해주었다.

내게 독서는 자기혁명이었다. 나에게 책을 쓴다는 것은 읽는 것만큼 가치가 있었다. 책을 읽는 것이 자아를 성장시키는 것이라면, 책을 쓰는 것은 혁명을 일으키는 것이었다. 내가 읽는 것에만 만족했다면, 나는 자아와 늦게 만날 수 있었다는 생각이 들었다. 꿈은 나를 배신하지 않았다. 나는 꿈을 버리지 않았고, 그 꿈은 나를 버리지 않았다. 나에게는 부자가 되고 싶은 꿈과 성공하고 싶은 꿈이 있었다. 그중 자서전을 쓰고 싶은 꿈도 있었다. 그렇게 나는 책 덕분에 나의 꿈에 한발 한발 다가갈 수 있었다.

존 아사라프, 머레이 스미스의 저서 『더 앤서』에서 나오는 첫 장면은 감동적이다. 오랜 세월 자신이 꿈꿨던 저택으로 이사하게 된다. 이사하면서 발견된 소원 상자에서 놀라움을 금치 못한다. 그곳에서 자신이 꿈꿔왔던 사진을 발견한다. 그 사진과 똑같은 저택으로 이사해 있는 자신을 보며 비밀은 시작된다.

나의 꿈도 『더 앤서』를 읽고부터 시작되었다. 회사생활을 시작으로 결혼을 하고 여러 가지 부업을 하며, 어린이집 보육교사 공부을 거쳐 피부관리실 운영도 했다. 그리고 15년의 인테리어 생활을 거쳤다. 살기 위해 시작한 6,7년의 수많은 세일즈 사업을 통해 인생을 알게 되었다. 생존을 위해 돈 되는 모든 것은 다해야 했다. 나는 52년간 제대로 된 인생살이를 배웠다. 그래서 나는 두렵지 않다. 그리고 나는 또다시 도전한다. 그리고 또 꿈을 꾼다.

꿈꾸면 이루어진다. 상상하면 현실이 된다. 포기하지 않으면 이루어진다. 될 때까지 하면 꼭 이루어진다. 그리고 자기 자신을 믿으면 된다. 자신의 잠재력을 믿는 순간 당신의 혁명은 시작된다. 당신도 변하고 싶은가? 그렇다면 결정해야 한다. 이 모든 것을 경험할 수 있는 선택은 당신만이 할 수 있다.

『시크릿』
론다번, 살림출판사

"지금 당신이 하는 생각이 앞으로 당신의 삶을 만들어낸다. 당신은 생각으로 삶을 만든다. 항상 생각하니까 항상 창조하는 삶을 사는 셈이다. 당신이 가장 많이 생각하고 집중하는 대상, 바로 그것이 당신 삶에 나타나리라. 다른 모든 자연 법칙과 마찬가지로 이 법칙 역시 철저하고 완벽하다. 우리는 각자 자신의 삶을 창조한다. 무엇이든지 뿌린대로 거두는 것이다! 생각은 씨앗이고, 수확물은 당신이 뿌린 씨앗에 의해 좌우된다."

– p.33

3

나는 내 삶의 방향을 찾을 수 있었다

만 권의 책을 독파하면 귀신처럼 붓을 놀릴 수 있다.

― 두보

내 꿈은 현실이 되고 있었다

내 꿈은 동기부여가다. 나는 사회에 도움이 되는 사람이 되고 싶다. 약자에게 약하고 강자에게 강한 그런 사람이 되고 싶다.

몇 년 전 세일즈 사업을 하던 때. 다른 팀의 미팅에 강사로 제안을 받았다. 나는 강의의 '강'자도 몰랐고, 강사는 아니었지만 최선을 다했다. 그리고 마음만큼은 유명강사였다. 강의가 끝나고 묘한 희열을 느꼈다. 나를 집중하는 한 사람 한 사람의 눈빛이 나를 자극했다. 그렇게 감사의 인사를 들으며 뿌듯함을 느끼게 되었다. 뭔지 모를 사명감이 나를 흥분시키기도 했다. 그날의 강의는 내가 동기부여가의 꿈을 꾸게 만든 계기가 되었다. 누군가를 위해 나의 에너지를 쏟는 다는 것은 매우 흥분되는 일이다.

누군가에게 열정을 심어준다는 것 또한 참 매력적인 일이었다.

누구나 어떠한 계기로 인해 꿈을 꾸게 된다. 나 또한 한 번의 강의를 계기로 동기부여가의 꿈을 꾸게 되었다. 이지성 저자는 『꿈꾸는 다락방』에서 말했다.

"말이 안 되는 일을 이루려면 말이 안 되는 방법이 필요하다."

나의 주변에는 평범한 사람이 대다수다. 나는 그동안 평범한 타인과의 관계에서 경계선을 두지 않았다. 그런 탓에 그들은 나의 경계선을 넘나들었다. 그들은 꿈꾸는 나를 이해하지 못했고, 말도 안 되는 허상에 빠진 사람 취급을 했다. 그들의 시선에서 나는 꿈꾸는 바보였고, 그들은 하고 싶은 말을 마구마구 던졌다. 나는 그 말을 모두 받아들이며 상처를 입었다. 나는 내가 원하는 꿈을 이루어 그들에게 꼭 보여주고 싶었다. 평범한 그들의 시선에서 말이 안 되는 일을 이루기 위해, 오늘도 말이 안 되는 방법으로 꿈에 한발 한발 다가가고 있다고.

사람은 공감받으면 스스로 행동한다. 그리고 자신의 행동에 반성하며 뉘우치기도 한다. 누구 하나 공감해 주지 않아도 나를 공감해준 책이 있었기에, 나는 오늘도 꿈을 꿀 수 있었다. 나는 꿈을 이루기 위해 책이 시키는 대로 나를 믿고 꿋꿋이 견뎠다. 상상하면 현실이 될 수 있다는 것을 책을 통해 확신했다. 동기부여가의 꿈은 그렇게 나에게 현실로 다가오고 있었다.

책은 내 삶의 이정표였다. 미래에 대한 불안과 초조에서 벗어나게 해주었으며, 인생 갈림길의 혼돈에서 나를 붙잡아 주었다. 타인과의 경계선이 없었던 내게, 책은 나를 흔들리지 않게 했다. 주관이 뚜렷하지 않아 내 삶에서 허수아비였던 내가, 책 덕분에 타인의 주관을 객관적으로 들을 수 있었다. 그렇게 책은 나의 등불이 되어 든든한 조력자 역할을 해주었다.

심리학자 알프레도 아들러는 현재보다 나은, 완전한 상태가 되기 위한 필수요소로 열등감을 제시했다. 『1일 1행의 기적』에서 유근용 저자는 말했다.

"공부에 콤플렉스를 느꼈던 누군가는 돈에 더 많은 관심을 갖고 주식투자에 열정을 쏟기도 하고 돈에 대한 열패감에 사로잡힌 누군가는 사회적 명예를 얻고자 에너지를 쏟는다."

내 삶의 방향성에 있어 책은 나의 스승이었다. 내가 겪은 책의 힘은 내 인생을 변화시킬 만큼 위대했다. 그리고 또 하나 빼놓을 수 없는 은공자가 있다. 열등감과 콤플렉스다. 그것이 없었다면 지금의 나는 없다. 열등감이 나의 열정을 불렀고, 콤플렉스가 나를 부채질했다.

주변 사람들의 도움도 컸다. 주변인들은 내 정신이 흐트러질세라 부정적인 말들을 쏟아 부었다. 나는 그들로 인해 에너지를 뺏기기도 했지만, 에너지를 얻을 수도 있었다.

나는 정말 똑똑한 사람이 되고 싶었다. 그러한 학력에 대한 콤플렉스와 공부에 열등감이 책과 만날 수 있는 계기를 만들어 준 것 같다. 콤플렉스와 열등감이 없었더라면 지금의 시간은 없었을 것 같다. 지금의 결과는 콤플렉스와 열등감으로 인해 얻어낸 결과물이라 해도, 과언이 아니다.

성공자들은 나의 꿈길에 명확한 지표가 되었다

나는 지금의 주어진 환경에 너무 감사한다. 힘들고 지친 절박한 상황이지만 이 모든 것들이 나를 꿈에 집중하게 했다. 책은 성공의 잣대를 세상의 기준이 아닌 나의 기준으로 바꾸어 놓았다. 그리고 성공자들을 따라 나의 기준을 만들며 성공에 한발 더 가까이 갈 수 있었다.

『김밥 CEO』의 저자 김승호 회장은 말한다.

"성공은 위대한 일을 행하여 갑자기 얻는 것이 아니다. 큰 성공은 작은 성공이 모여 생기고, 작은 성공은 사소한 일을 놓치지 않음으로써 생긴다."

이 말은 사소한 일을 하찮게 생각했던 나의 정곡을 찔렀다. 작은 것이 모여 큰 것이 된다는 진리를 잊었었다. 작은 것의 소중함을 잊은 나를 반성하게 했다. 작은 성공을 못 하면 큰 성공도 하지 못한다. 나는 이 책을 읽고 책의 이정표대로 실현 가능한 꿈부터 차근차근 적어나갔다. 그저 크고 보기 좋은 떡만 생각한 나에게 다시 일어설 용기를 준 책이었다.

나는 인테리어업을 할 때만 해도 자신감에 넘쳤다. 그런데 세일즈 사업을 하며 돈만 좇다 보니 자신감까지 잃어 갔다. 그때는 생업이었으니 그럴 수밖에 없었다고 변명하고 싶지만, 그렇게 질질 끌려가는 나를 보며 한심한 생각이 들었다. 맞지 않는 옷을 입은 느낌이었다. 대신 세일즈 사업은 나에게 꿈을 꾸는 능력을 선물로 주었다. 그래서 값진 시간이었다고 생각한다. 그 덕분에 지금이 있기 때문이다.

나는 책을 통해 성공자들의 삶을 간접적으로 체험했다. 수많은 성공자들은 나의 꿈길에 명확한 지표가 되었다. 그것은 답답했던 내 갈증에 대한 해답이 되기도 했다.

지혜와 용기로 모든 과정을 이겨낸 지금도 세상은 똑같다. 하지만 나는 달라졌다. 나는 지난날 막연히도 입버릇처럼 '나는 이렇게 살 사람이 아니야.'라고 스스로를 쇠뇌했다. 고통 속에서도 그랬고, 좌절 속에서도 그랬다. 자신을 잃어버리고 헤매고 있을 때도 나는 나를 지지했다.

나는 내가 이렇게 될 것을 알고 있었다. 지금의 내 모습을 늘 상상했기 때문이다. 힘겹게 왔지만 지금의 모습은 미리 예견된 결과였다. 주변의 사람들이 현실에 적응 못 하는 사람쯤으로 봤을 때도 나는 꿈을 꾸었고, 그만 현실로 돌아오라고 아우성칠 때도 나는 꿈을 꿨다.

인생의 방에는 꿈의 문이 수십 개가 있다. 모든 문이 나를 유혹한다. 나는 유혹에 이끌려 닥치는 대로 문고리를 잡았다. 유혹의 문에 이끌려 나갔다 돌아오기를 수십 번. 어디로 가는지 어떤 곳을 가는지도 모른 채 마구 끌려 다녔다. 방향도 없이 목적지도 없이 끌려 다니기를 52년. 다시 인생의 방으로 돌아왔을 때는 경험과 시련과 고통이란 선물이 산더미처럼 쟁여 있었다. 나는 그 산더미를 이제야 치운다. 그리고 또 다른 문을 잡는다. 이번에 잡은 문은 왠지 예감이 좋다. 이 문을 열고 나가면 내가 원하는 것이 기다리고 있을 것이다.

내가 그토록 원했던 삶의 방향은 책이 지표이자 고삐가 되어주었다.

당신은 자신만을 위해 사는 방법을 몰랐을 뿐이다. 항상 남의 잣대에 살고 있었을 뿐이다. 그러나 이제는 달라져야 한다. 책을 통해 자신을 사랑하는 법도, 꿈을 이루는 법도 배워야 한다. 그래야 당신만의 남은 삶의 방향을 찾을 수 있다. 그리고 당신만의 기준을 찾을 수 있다. 당신의 삶이 더 흔들리기 전에 독서를 해라. 그러면 나처럼 삶의 방향과 기준이 달라질 것이다. 그리고 당신의 변화로 인해 당신의 혁명은 시작될 것이다.

나를 살린 문장들

『메모독서법』
신정철, 위즈덤하우스

"메모독서를 하면서 저는 비로소 책을 통해 배울 수 있는 사람이 되었습니다. 독서노트에 꾹꾹 눌러서 쓴 문장들이 네 마음속에 새겨져 삶의 방향을 조금씩 틀었습니다. 책을 읽고 삶에서 실천하는 경우가 늘면서 독서가 제 삶에 끼치는 영향력이 점점 커졌습니다.(중략) 잠깐 시간이 날 때 책을 펼치고 마음에 드는 문장을 천천히 옮겨 적으면 잡생각이 사라지고 마음이 편온해집니다."

– p.33

나의 독서노트를 만들어가는 과정에 도움이 되었던 책이다

『배움의 기술』

이노우에 히로유키, 예문출판사

"배움에 대한 투자는 절대로 손해를 끼치는 일이 없습니다. 배움의 성과는 확실하게 자기 것이 되며, 평생 마이너스가 되는 일이라 없습니다. 게다가 경험을 거듭 축적함으로써 점점 더 자신을 갈고닦게 되어 부가가치가 덧붙게 되지요. 전 세계에서 아무리 높은 이익을 가져다주는 투자라 해도 배움만큼 확실한 투자는 없다고 단언합니다."

– 119쪽

젊었을 때부터 배움을 게을리하지 않았던 나를 응원받는 것 같아 뿌듯했던 책이다. 이 책을 읽으며 지금까지 나의 배움이 헛되지 않았다는 것에서 동기부여가 확실하게 되었다. 이 책에는 부를 끌어당기는 부자들의 공부법도 다루고 있다. 이 책을 읽고 돈이란 '내가 가치 있는 일을 하면 돈이 따라온다.'라는 사실을 상기시켰다. 부와 배움에 동기부여가 필요한 분들에게 권유하고 싶은 책이다.

4

내가 독서로 알게 된 소중한 보물 3가지

한 권의 책을 읽음으로써 자신의 삶에서 새 시대를 본 사람은 너무나 많다.

– 헨리 데이비드 소로우

마음만 먹으면 무엇이든 할 수 있다

내 인생을 흔든 책. 나는 아이들과 함께 하는 것이 늘 고픈 사람이다. 어릴 적부터 아이들과 함께했던 시간이 턱없이 부족했기 때문이다. 지금은 성장해 성인이 되었지만, 누구나 그렇듯 내 눈에는 아직도 어린애다. 가족끼리 변변한 해외여행 한번 가보지 못한 것이 정말 속상했다. 아무리 생계 때문이라지만 마음먹기 나름인데 말이다. 인테리어업으로 바빴을 때나 그일을 하지 않는 지금이나 상황은 매한가지다. 일은 언제나 발생했고, 상황은 언제나 나를 궁지로 몰았다. 사실 마음만 먹으면 갈 수 있는 것이 해외여행인데 말이다. 아이들과 함께 하지 못한 것이 늘 마음이 아프다. 항상 마음이 문제였다.

　작년 일이다. 아이들과 어렸을 때 갔던 캠핑을 제외하고는 처음으로 딱 한 번. 큰맘 먹고 제주도여행을 갔다. 2박 3일의 짧은 여행은 우리 가족을 정말 행복하게 했다. 아이들에게 좋은 호텔에 몸을 누이게 하고 싶어서 최고의 호텔에 짐을 풀었다. 그리고 아이들이 탐색해놓은 맛집을 다녔다. 입이 정말 행복했다. 밤에는 호텔 내 수영장에서 맘껏 헤엄도 쳤다. 호텔 내에 설치된 무대에서 재즈를 만끽하며 맥주도 마셨다. 남들에겐 흔한 일상일지 몰라도 우리에겐 해외여행이 부럽지 않았다. 정말 행복했다. 그렇게 3일을 맘껏 휴식했다. 마지막 날 아침은 뜨거운 햇볕이 우리를 붙잡았다. 하루 더 있고 싶은 마음이 굴뚝같았다. 우리 집 인양 또 뒹굴고 싶었다. 하지만 그 아쉬움을 뒤로 한 채 다음을 기약해야 했다. 호텔의 마지막 아침을 멋진 추억으로 만들며, 그렇게 우리 가족은 행복을 머금고 돌아왔다.

첫 번째 나의 보물 나와 가족

　나의 보물 나. 늘 살아가는 것이 바빴던 나. 나는 내가 왜 사는지. 무엇 때문에 사는지. 누구를 위해 살고 있는지 조차도 물어 본적이 없었다. 지금껏 나란 존재는 타인에게 늘 양보의 대상이었고, 남을 생각하는 배려 있는 사람으로 비치기 위해 노력했던 사람으로 기억된다. 그렇게 내 존재는 늘 사라졌었다. 내가 살아가야할 이유를 잊고 있었던 것이다. 그동안 잊고 있었던 보물 나. 이 세상은 내가 없으면 세상도 없다.

오롯이 나로 살아가기 위해, 누구 앞에서든 당당한 나로 서기 위해, 그 여정을 시작하려한다. 나의 긴 여정에 풀어야 할 숙제가 많지만, 앞으로 살아가야 할 시간이 더 많기에 나는 이제 소중한 보물 나를 위해, 숙제를 풀며 살아가기로 했다.

내게 가족은 아픔이다. 가족은 늘 나를 위해 기다려주었다. 남편도 아이들도 나를 위해 희생해 주었다. 남편은 늘 나를 든든하게 지원해주었고, 아이들은 나를 언제나 응원해주었다. 내가 가족을 위해 열심히 산 게 아니라, 가족이 나를 위해 열심히 살아준 거였다. 나 때문에 힘들었을 가족들에게 미안해진다. 내가 진정 원하는 것이 뭔지도 모른 채 달리기만 했던 지금까지의 삶. 원하지 않는 것에 집중하고 있었던 세월. 모두가 가족을 위한 것이었는데, 지금의 결과는 가족도 나도 원하지 않는 것이 되었다. 지금의 결과는, 앞으로 내가 치러야 할 몫과 대가로 남아있다. 예전도, 지금도, 나의 도전을 묵묵히 응원해주는 남편에게 한없이 감사하다. 그리고 부모에게 크게 반발하지 않고 꿋꿋이 따라와 준 아이들이 참으로 고맙다. 나에게 가족은 이제 아픔이 아니다. 이제는 내가 가족에게 받은 만큼 가족에게 내가 줄 차례다. 책은 나에게 가족이란 존재의 소중함을 또 한 번 깨우쳐 주었다.

또 하나의 가족 친정. 남편과 아이들이 나를 묵묵히 기다려 주었던 것처럼 언니들도 묵묵히 기다려준 사람이다. 내 욕심으로 인해 언니들에게 서운했던 지난날. 나란 사람을 인정하고나니 언니들이 이해되었다. 언니들에게 미안하고 고마웠다. 내가 어떠한 상황도 잘 헤쳐나갈 수 있도록 응원해준 나의 가족. 감사할 뿐이다. 내게 친정이란 가족울타리는 세상 어떤 철망 보다 단단하고 튼튼하다. 세상에서 가장 힘센 적군이 쳐들어와도 무너지기는커녕 더 단단해진다. 가족은 내게 진정한 보물이다.

원하는 것에 집중해야 이루어진다

나의 두 번째 보물 일

나는 일이 없으면 살아가는 의미가 사라지는 사람이다. 그만큼 일을 좋아한다. 나에게 일은 살아가는 에너지다. 어떤 이는 내게 일에 미친 사람 같다고 하지만 그래도 나는 일이 너무 좋다. 일은 내가 살아 있음을 느끼게 해준다. 그만큼 나에게 일은 정말 소중한 보물이다. 일은 나에게 먹으면 기운 나는 홍삼 같은 존재다. 그리고 내게 일은 미친 존재감이다. 나에게 일은, 지금까지도 앞으로도 내가 살아가야 할 이유 중 하나로 존재할 것이고, 내 삶에서 힘의 원동력이 될 것이다. 책을 읽으면 읽을수록 일의 소중함은 더 확실해졌다.

얼마 전 2년 전에 알았던 지인과 잠시 대화할 일이 있었다. 지인은 나를 보더니 예전하고 뭔가 다르게 느껴진다고 말했다. 그래서 나는 말했다.

"그래요? 왜 그렇게 느껴지지?"
"글쎄요! 뭔가 차분해지고 느낌이 예전과는 다르네요."

사실은 나도 느끼고 있는 나의 변화중 하나다. 예전의 나는 다른 사람의 말에 귀를 기울였던 사람이었다. 그래서 쉽게 흔들렸다. 내 마음에 중심이 없었으니 당연한 결과였다.

하지만 내면이 단단해지니 주위의 상황에 흔들리지 않게 되었고, 어떠한 사건이 일어나도 객관적으로 보게 되었다.

나의 세 번째 보물 책

지인이 보았던 나의 변화는 책으로부터 시작되었다. 책은 조금은 늦게 찾아온 손님이었다. 책이란 손님은 단번에 내 마음을 휘어잡았고 내 인생의 멘토가 되어 주었다. 내게 책은, 친구이자 선생님. 그리고 잊고 살았던 삶의 의미와 나란 존재를 확인시켜준 인생선배였다. 책은 내가 어떤 사람인지 알게 해준 은인이며, 닦달하지도 실천하지 않는다고 보채지도 않았다. 그저 묵묵히 지켜봐줄 뿐이었다. 모든 것을 주고도 대가를 바라지 않는 그런 존재였다. 나란 기둥이 제대로 설 수 있게 중심을 잡아준 책. 내 인생을 원하는 방향으로 살 수 있게 가이드역할을 톡톡히 해주었다. 책은 내 인생의 축복이다.

이사다 히사쓰구의 저서 『3개의 소원 100일의 기적』에서 저자는 깨달음을 얻는 순간, 소원이 이루어진다고 말한다. "자, 여러분은 여기까지 읽고 소원을 이룬 사람들의 공통점을 알아차렸나? 그것은 바로 극한까지 내몰려서 몸에서 완전히 힘이 빠졌을 때 소원이 이루어졌다는 사실이다. 자기계발서를 읽다 보면 '소원은 머릿속에서 지웠을 때 이루어진다.'라는 내용이 자주 나오는데, 그것과 같은 이치다. 그 상태를 '깨달음'이라고 한다."라고 말한다.

그랬다. 팍팍한 현실은 심적으로나 경제적으로나 버티는 것이 신기할 만큼 나를 극한으로 내몰았다. 진정 소중한 것이 무엇인지 천지를 몰랐던 나. 이러다 정말 죽을 것 같았던 모든 상황이 극에 달하자 드디어 깨닫게 된 소중한것들. 더는 한발짝도 걸어나가지 못할때쯤 모든걸 포기하자 책은 나를 깨우치게 했다. 내가 그렇게 이루고 싶었던 소원. 그것은 내게서 가장 소중한 것이 무엇인지 알고 나서야 이루어지는 것이었다. 책은 참 많은 것을 나에게 알려주었다.

나와 내 가족이 조금이라도 더 행복할 수 있다면. 나는 뭐든 할 수 있다. 단 1초도 후회하는데 쓰고 싶지 않다. 나는 다시 미래를 꿈꾸기로 했다. 내가 정말로 소중하게 생각하는 나와 가족을 위해서.

당신에게 가장 소중한 것은 무엇인가?

당신이 진정 원하는 것은 무엇인가?

당신은 지금 원하는 것에 집중하고 있는가?

세월은 지나면 다시 돌아오지 않는다.

지금 당신은 원하는 것에 집중해야 할 타임이다. 사람은 망각의 동물이라 매일 반복해서 생각하지 않으면 기억 속에서 사라진다. 진정 당신의 보물은 과연 무엇인가?

나를 살린 문장들

『꾸베씨의 행복여행』
프랑수아 를로르, 오래된 미래

"행복은 좋아하는 사람과 함께 있는 것이다. 행복은 자기 가족에게 아무것도 부족한 것이 없음을 아는 것이다. 행복은 자신이 좋아하는 일을 하는 것이다. 행복은 자신이 다른 사람들에게 쓸모가 있다고 느끼는 것이다. 행복이란 있는 그대로의 모습으로 사랑받는 것이다. 행복은 살아있음을 느끼는 것이다. 행복은 사랑하는 사람의 행복을 생각하는 것이다."

— p.157~158

잊고 있었던 나의 행복의 본질과 목적을 다시금 마음에 새기게 한 책이다.

5

독서 후 하루하루가 선물이 되었다

독서가 정신에 미치는 효과는 운동이 신체에 미치는 효과와 같다.

- 리처드 스틸

한 권의 책은 작지만 큰 힘을 가진다

애플의 창업자 스티브잡스가 2005년 미국 스탠포드대학 졸업식에서 인생의 선택을 점과 점 이어 긋기에 비유하며 이런 말을 했다.

"내가 지금 한 일이 인생에서 어떤 점을 찍는 것이라고 한다면 미래에 그것들이 어떻게 이어질지는 예측할 수 없다. 그러나 10년이 지난 후 돌이켜 보니 그 점들은 이미 모두 연결되어 있었다."

그렇다. 인생은 수많은 점들로 이어져있다. 오늘이라는 하루는 오늘이 지나면 과거가 된다. 스티브잡스의 말처럼 하루의 점이 모여 내일이 될 것을 생각하면 하루하루는 참 소중하다. 그래서 하루라는 시간을 함부로 대하면 안되었다. 지나간 어제의 하루는 내 삶 전체의 일부분이기 때문이다. 지금 현재 내 모습은 과거의 잘못된 선택이 준 결과물이었기 때문이다. 책과 만나고 난후 나의 하루는, 내게 의미하는 바가 컸다. 예전에는 왜 그걸 몰랐을까?

지나고 보니 내가 찍어온 과거의 점들은 내가 원했던 것이 결코 아니었다. 한 치도 예측할 수 없는 미래를 점쟁이 점치듯 잘될 거라는 믿음만으로 살아왔다. 하지만 지금의 점은 내가 원했던 방향도 내가 목표했던 방향도 아니었다. 계획없이 무턱대고 했던 나의 생각과 행동이 지금의 결과로 끌어당긴 것이다. 독서를 하고부터 독서를 하지 않았던 지난 시간이 정말 아깝게 느껴졌다. 내가 지금 읽고 있는 책은 내 미래에 어떠한 점들로 연결해줄까? 지금 읽는 책 한 권은 미래의 내 인생을 어떻게 좌우할까? 어떤 진가를 보여줄까? 한 권의 책은 작지만 큰 힘을 가진다. 책한 권의 힘은 이토록 강하고 세다.

세상의 시간이 전부 내 것인 양 썼던 전과는 달리, 책을 읽는 하루하루가 내게는 기적 같은 시간이 되었다. 앞으로의 시간을 책과 함께 보낼 수 있어 더 없이 행복하다. 지금 나에겐 나란 사람 자체가 기적이다.

오래전 가지고 있었던 『꿈꾸는 다락방』이지성저자의 강의 CD를 자주 듣는다. 이지성 저자의 강의가 끝나면 마지막 부분에 흘러나오는 노래가 있다. 이 노래 가사가 힘들었던 내 마음을 대변해 주었다. 가수 한승기의 〈날아날아〉의 노래 가사다.

날아날아 높이 날아 던져버려라 지난 일을 저 하늘에 던져버려라
날아날아 높이 날아 꿈을 꾸어라 웃을 날이 멀지 않구나
바보처럼 아이처럼 울지를 마라 너만이 절망이더냐!
지쳤다고 끝났다고 믿지를 마라 너만의 슬픔이더냐!
누가 네게 묻는다면 고갤 저어라 난 다시 할 수 있다고
걸어야 할 뛰어야 할 길을 보아라! 술 취할 시간이 없다
단 한 번만 또 한 번만 너의 부푼 꿈을 향해 뛰어라
멀고도 먼 또 가까운 너의 웃을 날이 멀지 않구나
날아날아 높이 날아 던져버려라 지난 일을 저 하늘에 던져버려라
날아날아 높이 날아 꿈을 꾸어라 웃을 날이 멀지 않구나

노래가사또한 책만큼이나 희망을 주었다. 타인을 신경 썼던 내가 타인과 결별하고 나 자신을 찾았다. 노래 가사는 타인으로 인해 힘들었던 과거와 고통쯤은 하늘로 던져버리라고 한다. 또다시 희망을 안고 비상할 준비를 하라고 한다. 요즘 내게 주어진 하루는 세상이 나를 위해 돌아가

는 것처럼 느껴진다. 새벽에 일어나 읽고 있는 책이 그랬고, 내가 듣고 있는 노래가사가 그랬다. 뉴스에 나오는 기사, TV에 나오는 드라마도 그랬다. 아침의 태양은 나를 위해 비춰주고, 새벽에 지저대는 새는 나를 위해 울어댔다. 하물며 지나가는 모든 사람이 나를 위한 조연이었다. 책이 준 나의 하루는 오롯이 내가 주인공이었다. 누가 무슨 말을 던져도 전혀 신경 쓰지 않는 이 하루가 너무 행복하다. 책을 읽고부터 내 마음이 달라지니 내게 들리는 모든 것이 다르게 해석되었다. 내 마음 먹기에 따라 나는 세상의 주인공이 될 수 있었다.

책은 절대 나를 배신하지 않았다

한 달 전 나는 나의 소중한 보물지도를 만들었다. 모치즈키 도시타카의 저서 『보물지도』를 읽고 난 후였다. 어느 유트브에서 보물지도를 소개하는 영상을 보고 책을 구입하게 되었다. 보물지도를 꾸미기 위해 그동안 꿈꿔왔던 나의 버킷리스트를 적으며 참 행복했다.

내 사무실 컴퓨터에는 예전에 저장해놓은 꿈 리스트와 그림들이 들어있다. 그것들 중 마음에 드는 사진으로 골라 코르크판에 하나하나 붙였다. 기적 같은 삶을 사는 사람들을 책에서만 보아왔다. 그러나 그일이 내게도 벌어지고 있다. 그 자체가 너무 신기하고 꿈같다. 나의 꿈은 꿈으로 끝나지 않고 현실로 다가왔다. 나는 이미 나의 꿈 중 하나를 이루고 있

다. 자서전 쓰기는 내 꿈 중 하나였기 때문이다. 나는 보물지도를 몇 개
더 만들었다. 하나는 집에, 하나는 사무실에 붙였다. 그것을 보고 있는
것만으로도 세상 행복했다.

네빌 고다드의 『상상의 힘』에서 꿈을 이루는 방법은 이랬다.

"우리가 상상의 삶에 눈뜨게 될 때 다음의 사실을 알게 됩니다. 무언가
를 상상하면 그렇게 될 수 있다는 것, 그리고 진실한 판단은 외부 현실에
맞춰서 할 필요가 없다는 것입니다. 상상의 진리를 깨달은 사람은 눈에
보이는 감각적 외부 세계인 현실을 부정하지 않습니다. 단지 끊임없이
상상하는 내부 세계가 감각적인 외부 세계를 불러오는 힘이라는 것을 알
고 있을 뿐입니다."

나의 미래는 상상을 얼마나 강렬히 하느냐에 따라 현실이 된다는 뜻이
다. 지금의 현실은 내가 상상했던 과거이다. 내가 그렇게 힘들어했던 모
든 과거는, 내가 그렇게 되도록 행동했기 때문이다. 그래서 나는 두 번
실수 하지 않기 위해 내가 원하는 나의 모습을 더 선명하게 상상하며 그
리고 있다. 자존감이 낮았던 과거에는 상상도 못했던 일. 이런 내 모습에
더 자신감이 돈다. 나의 하루가 기적이 될 수 있었던 데는, 상상의 힘
과 긍정의 힘이 크다. 긍정의 질문 또한 자신을 바꾸는 계기가 되었다.

긍정의 질문과 상상의 힘이 지금의 나를 만들었다고 본다. 어떻게 하면 나의 꿈을 이룰 수 있을까? 어떻게 하면 성공할 수 있을까? 어떻게 하면 과거처럼 살지 않을까? 무수한 긍정의 질문들은 나를 발전시켰다.

당신도 나처럼 기적 같은 삶을 원하는가? 그렇다면 당신의 변화는 책에서부터 시작되어야 한다. 성공자들의 기적적인 삶 또한 책이 만들어 낸 결과물이고, 나 또한 그것을 체험한 사람이다. 그래서 나는 강력히 믿는다. 책은 절대 당신을 배신하지 않는다. 당신이 책을 배신할 수는 있어도 책은 당신을 지킬 것이다. 당신의 하루를 책과 함께 시작해보자. 지금 당장 읽지 않는다 하더라도 책상위에 책을 두어보자. 책상에 널어놓으면 힐끗힐끗 보게 되고 되새기는데 도움이 된다. 그러면 책속의 긍정의 힘이 당신에게 전달될 것이다. 그런 행위들만으로도 내 머릿속에서 책을 기억하게 된다. 사람이나 책이나 눈에서 멀어지면 마음에서도 멀어지는 법이다. 당신의 변화는 책으로부터 시작될 것이다.

『일단 오늘 한줄 써봅시다』
김민태, 비지니스북스

"현재의 점이 미래에 어떻게 연결될지는 누구도 예측할 수 없다. 때론 별일이 생기지 않을 수도 있다. 하지만 별일이 생기기 위해선 부인할 수 없는 진실이 하나 있다. 시작에는 언제나 '일단 한번 해본다'라는 작은 점이 있었다는 사실이다."

— p.153

저자는 기회에 있어 완전한 우연은 없다고 말했다. 나의 글은 첫 동기는 꿈. 다음은 독서. 다음은 글쓰기로 이어져 책이 되었다. 이 모든 것들이 연결되어 나의 변화는 필연이라는 것을 이 책은 확인시켜주었다.

6

책을 1년만 읽으면 인생이 기적처럼 변한다

> 좋은 책을 읽는 것은 과거 몇 세기의 가장 훌륭한 사람들과 이야기를 나누는 것과 같다.
>
> – 르네 데카르트

책은 변화하는 사람을 지켜보는 사람까지도 변화시킨다

내가 그랬던 것처럼 책은 매일 조금씩 읽다 보면 습관이 된다. 처음부터 욕심내면 지레 지쳐버린다. 과욕은 금물이다. 책을 읽겠다는 의지가 생기면 그것으로 충분하다.

처음부터 잘하려고 하면 힘들다. 내 인생을 변화시키고 싶어 책을 읽겠다는 욕망만으로도 큰 성과다. 그러니 이미 기적의 불씨는 당겨진 셈이다. 조금씩 조금씩 나에게 맞는 작은 실천이 탈이 나지 않는 법이다.

얼마 전 남편은 유튜브를 시작했다. 나로 인해 남편에게 참 많은 변화가 찾아왔다. 몇 달 만에 남편은 참 많이 변했다. 남편은 현실주의였다. 그 사고만큼은 변하지 않았다. 그리고 전혀 바꿀 마음이 없었다. 그런데 몇 달 사이 일어난 많은 변화를 받아들이기 시작했다. 변화의 시작은 내가 책을 읽고부터였다. 책을 읽는 동안 남편과 참 많은 대화를 했다.

남편은 내가 책 쓰기를 하는 동안 먼 곳까지 동행해준 사람이다. 왕복 8시간을 자동차로 이동하며 많은 이야기를 나누었다. 남편에게 성공하고 싶으면 의식을 바꾸어야 한다고 했다. 그러나 남편은 귓등으로도 안 들었다. 하지만 시간이 지날수록 조금씩 귀를 여는 듯했다. 나의 변화와 함께 남편의 변화를 기대하며 의견대립도 많았다. 그러나 나는 책 쓰기에 바빠 남편의 변화에는 관심을 두지 않았다. 바뀔 사람이 아니라고 생각했기 때문이다. 남편의 변화를 포기할 때쯤 우리의 다툼도 멈추었다.

남편은 변해가는 나를 지켜보며 많은 걸 느끼는 듯했다. 그리고 앞으로 발전해갈 내 모습을 자신도 모르게 상상했다. 하늘이 무너져도 변할 것 같지 않았던 남편은, 지금 나를 따라 변하고 있었다. 책을 읽으며 내 인생만 바뀐 게 아니었다. 책은 간접적인 영향을 끼치는 위대한 힘의 소유자였다. 그 위대한 힘은 철통방어를 친 남편의 마음도 변화시켰다. 나는 남편의무변화를 확신한 사람이다. 나에게 기적 같은 일이 벌어지고 있었다. 1년 뒤 내 인생은 과연 어떻게 변할지 상상해본다.

나는 평소에 끌어당김의 법칙을 남편에게 주입했다. 잠재의식 속에 긍정의 말을 퍼부었다. 긍정의 말은 남편의 욕망을 끌어당겼고, 잠재력을 끌어당겼다. 눈빛이 달라진 남편을 보면 내가 더 신이 난다. 책은 책을 읽은 사람만 변화시키는 것이 아니었다. 책은 변화하는 사람을 지켜보는 주변 사람까지도 변화시켰다. 강력하고 위대한 토네이도다.

정말 당신의 인생을 바꾸고 싶다면 책을 들어라. 지금 이 상황에 또 어떤 핑계를 댈 것인가?『꿈꾸는 다락방』의 이지성 저자는 "아침에 일어나면 수많은 새로운 뉴스는 보면서 내 미래는 왜 한 번도 생각하지 않는가?"라고 말하며 안타까워했다.

책을 읽으면 신기할 만큼 기적을 체험한다. 기적은 기적을 낳았다.

내 인생이 기적으로 변했듯이 당신의 인생도 기적으로 변할 수 있다. 책을 읽으면 누구나 체험하는 사실이다.

실행하지 않는 모든 일은 꿈으로 끝난다

구본형 저자는 저서『구본형 필살기』에서 말한다.

"나는 하루의 어느 시간보다도 이 새벽시간을 신성하게 생각한다. 이 시간은 모든 시간에 우선한다. 늘 나의 하루는 22시간이라고 말하곤 한다. 언제나 이 시간을 먼저 떼어 놓고 하루를 시작하기 때문이다."

새벽형 인간은 인생을 변화시킨다는 말이다. 성공자들은 새벽을 활용한다. 인생이 기적으로 변한다는데 못할 것이 어디 있겠는가? 많은 성공자로부터 새벽의 중요성을 익히 들어서 알 것이다. 내가 새벽을 활용해 보니 이점이 정말 많았다. 그중 대표로 조용한 새벽은 집중이 잘되어 책 읽기에 최고의 시간이었다. 새벽을 활용한 책 읽기는 변화목표 1순위임을 인정하고 있다.

책을 읽을 때는 목표의식을 가지고 읽어야 한다. 나도 처음에는 난감했다. 무슨 책부터 읽어야 할지 어떻게 읽어야 할지 몰랐기 때문이다. 시간이 지나면서 독서의 흐름도 익히고 목표도 뚜렷해졌다. 감사하게도 시중에는 많은 독서 전문가들이 독서의 방법을 설명하고 있다. 내게 맞는 방법을 찾을 것을 추천한다. 책을 선정할 때 필요한 몇 가지 제안사항을 써보았다. 나도 성공자들의 추천방법을 읽어보고 난 후 나의 경험과 내게 맞는 독서법을 찾을 수 있었다. 참고하면 좋겠다.

첫 번째, 내가 관심 있는 분야가 뭔지 생각하고 결정한다. 자신이 좋아하거나 자신의 업무와 관계되는 책 위주로 선정하면 접근하기가 쉽다.

두 번째로, 분야가 결정되었다면 쉬운 책부터 추천한다. 처음부터 어려운 책을 선정하면 독서의 맛도 모른 채 포기하기 쉽다. 이때는 접근하기 쉬운 만화책도 괜찮다. 독서습관이 되기까지 재미 위주의 책은 흥미를 유발하기 좋다. 독서는 습관이 우선이기 때문이다. 나의 경우는 내 마음을 대변하는 제목 위주로 선택했다.

세 번째로는, 하루에 1시간이 됐든 하루에 목차를 정해서 읽든 목표를 정할 것을 추천한다.

목표가 있는 책 읽기와 목표가 없는 책 읽기는 독서습관을 들이기에 하늘과 땅 차이기 때문이다.

네 번째로는, 책 속에서 소개하는 책을 추천한다. 책 속 저자가 감명받았던 책은 나에게도 감명받을 승산이 크기 때문이다.

나는 책과 친해지려면 재미가 있고 끌리는 책이어야 된다고 생각한다. 그래야 독서가 습관이 된다. 처음엔 재미 위주였던 책 읽기가 나중에는 관심 가는 분야로 바뀌게 된다.

나의 책읽기 코칭은 김범준의 저서『나는 매일 책을 읽기로 했다』사이토 다카시의 저서 『독서는 절대 나를 배신하지 않는다』, 『메모의 재발견』, 유근용의 『1일 1행의 기적』, 신정철의 『메모독서법』 고명환의 『책을 읽고 매출의 신이 되다』등을 읽고 나만의 독서습관을 정리할 수 있었다. 더 많은 독서법을 알고 싶으면 추천도서 읽기를 권한다.

이 외에도 책과 친해지려는 방법들은 많다. 성공자들의 책 습관을 탐독하다 보면 동일하게 얘기하는 것이 있다. 책과 친해지게 된 어떠한 계기가 있다는 사실이다. 나도 그랬다. 나는 현실의 팍팍함과 점점 자신감을 잃어가는 나를 보며 이대로 있다가는 정말 죽을 것 같아서 책을 읽기 시작했다. 심적으로 경제적으로 가장 최악일 때 나는 책을 드는 계기가 되었다. 독서는 내가 읽어보고 나에게 맞는 방법을 찾으면 된다. 너무 성급하게 생각하지 말고 지금까지의 방법으로 책에 재미가 붙었다면 그때 목표를 세우는 것도 늦지 않다. 처음 책을 만나 책에 눈이 떠지고 가슴이 열리면 그때 책이 시키는 대로 하면 된다. 그러면 저절로 목표의식이 생기게 된다.

김경태의 저서『일 년만 닥치고 독서』에서 저자는 말한다.

"작은 움직임은 나의 의식을 바꿨다. (중략) 일 년만 닥치고 독서는 나를 움직이게 하고, 의식을 바꾸었다. 그리고 나를 둘러싼 세상이 달라졌다. 정확히 말하면 나의 세상을 보는 시야가 달라졌다. 방향과 깊이, 폭이 완전히 바뀌었다. 작은 것에서 큰 것을 보게 되었고, 세상의 변화에 더 기민하게 대처할 수 있게 되었다. 더 많은 것을 욕망하게 되었고 도전하게 되었다. 무기력함, 불안, 위기감에서 벗어났다. 혁명이었다."

저자의 경험과 비슷한 경험을 나도 했다. 책의 제목처럼 일 년만 닥치고 독서하면 당신 인생의 신세계가 펼쳐진다. 정말 기적 같은 일을 경험한다. 당신도 놀라고 주위 사람도 놀랄 만큼 인생이 변화되는 것을 느낄 것이다.

실행하지 않는 모든 일은 꿈으로 끝난다. 변하고 싶다면 실행해야 한다. 세상은 내가 원하는 대로 변하지 않는다. 내가 변해야 한다. 그러면 똑같았던 세상이 다르게 보인다. 독서를 통해 내 인생을 기적으로 변화시켜보라. 이 책을 읽고 있는 당신은 이미 성공의 대열에 동참한 것이다.

나를 살린 문장들

『일년만 닥치고 독서』
김경태, 미다스북스

"독서는 생각을 바꾼다. 의식하지 않아도 읽은대로 생각하도록, 나 자체를 바꾼다. 그렇게 바뀐 나의 생각은 나의 미래를 바꾼다. 내가 '일년만 닥치고 독서'를 하지 않았다면 지금의 나는 없었을 것이다. (중략) 독서는 읽은 대로 생각하게 하고, 생각하는 대로 행동하게 하고, 행동하는 대로 이루어지게 한다."

– p.48

저자는 독서에 미치지 않고는 부자가 될 수 없다고 말했다. 열심히 산 내가 왜 부자가 될 수 없었는지를 말해주었다. 독서는 부자의 씨앗이었다.

7

지친 나를 다시 일으킨 힘, 독서!

모든 책은 빛이다. 다만 그 빛의 밝기는 읽는 사람이 발견하는 만큼 밝아질 수 있다.
결국 독자에 따라서 그것은 빛나는 태양일 수도, 암흑일 수도 있다.

– 모티머 애들러

나도 개구리를 보며 용기를 얻었다

내 차 안 트렁크에는 작은 서점이 있다. 작은 캐리어 가방을 활용한 나만의 서점이다. 사무실과 집 사이를 오가며 책을 쓰다 보니, 여기저기 책을 널어놓게 된다. 사무실에 책을 두고 오면 집에서 필요하고, 집에 책을 두고 오면 사무실에서 필요했다.

작은 캐리어 서점은 언제나 신이 난다. 나는 요즘 매일 캐리어 서점을 친구 삼아 여행 다닌다. 책이 그득한 캐리어 서점은 든든한 여행 동반자가 되고, 집과 사무실은 나의 여행지가 된다.

자존감이 낮은 데서부터 시작한 내 인생은 심적으로 경제적으로 온갖 어려움을 총망라했다. 인테리어업을 하면서 번 돈을 세일즈 사업을 하면서 모두 공중으로 날려버렸다. 그리고 또 다른 사업을 하며 돈을 벌기도 잃기도 했다. 녹록지 않은 현실은 우리를 가만두지 않았다. 그러나 온갖 고생을 등에 업고서라도 현실을 이겨나가야 했다. 나는 절대 희망을 놓지 않았다. 사람이 죽으란 법은 없다고 생각했다.

『자기경영노트』의 저자 김승호 회장은 황새에게 머리부터 잡혀 먹게 된 개구리가 황새의 목을 조르고 있는 유머러스한 그림이 책상 앞에 항상 자리 잡고 있다고 한다.

그림을 설명하면 잡풀이 깔린 호숫가에서 황새 한 마리가 개구리를 막 잡아내어 입에 덥석 물어넣은 모습이다. 개구리 머리부터 목에 넣고 맛있게 삼키려는 순간, 부리에 걸쳐 있던 개구리가 앞발을 밖으로 뻗어 황새의 목을 조르기 시작했다. 느닷없는 공격에 당황하며 목이 졸리게 된 황새는 목이 막혀 숨을 쉴 수도 없고 개구리를 삼킬 수도 없게 되었다는 그림이다. 나는 직접 이 책을 통해 그림을 보았다. 난감해하는 황새가 삐질삐질 흘리는 땀을 보면 우스꽝스럽다. 그러나 이 그림이 주는 교훈은 정신을 번쩍 들게 한다.

김승호 회장 또한 이 개구리 그림이 사업이 곤경에 빠졌을 때 희망을 잃지 않도록 일깨워주었고, 헤쳐 나갈 수 있는 용기를 개구리를 보며 얻었다고 한다.

나 또한 어떨 때는 목 조르는 개구리가 되었고, 어떨 때는 개구리를 먹는 황새가 되었다. 희로애락을 밥 먹듯 반복했던 지난 삶 또한 내가 만든 결과임에 순순히 승복해야 했다. 그러나 김승호 회장의 개구리 사진은 내 삶에 다시 일어서는 힘이 되어주었다.

나는 김승호 회장과의 인연을 이렇게 이야기하고 싶다. 내 남편의 이름은 김승호이다. 김승호 회장과 동명이인이다. 남편은 본인의 이름을 마음에 들어하지 않았다. 남편 또한 어떠한 연유의 콤플렉스가 자신을 괴롭혀왔다. 그래서 자신의 이름이 너무 싫었단다. 내가 김승호 회장의 동영상을 보게 된 데는 남편과 동명이인의 필연이 있었기에 가능했다. 김승호 회장의 동영상은 현실에서 방심했던 나를 망치로 후려치는 듯했다. 둔기를 쎄게 맞은 나는 김승호 회장의 책을 모조리 샀다. 그런 후 그렇게 김승호 회장의 팬이 되었다.

남편은 나보다 더 책을 멀리했던 사람이다. 그러나 이름이 같은 김승호 회장의 대단한 삶을 들은 남편은 마음의 문을 열기 시작했다. 그리고는 틈만 나면 김승호 회장의 책을 손에 놓지 않으려 애썼다. 남편은 자신과 이름이 같은 성공자가 있다는 사실을 자신이 성공한 것도 아니면서 내심 뿌듯해하고 으스대 했다. 어느 날 내가 물었다. 아직도 자신 이름이 싫으냐고. 그랬더니 남편은 김승호 회장의 삶을 이야기하며 아니라고 했다. 그리고는 기분이 묘하다고 했다. 하늘아래 동명이인의 운명을 보며 느끼는 바가 크다고도 했다. 그러면서 운명은 스스로가 개척해야 한다는 것에 동의한다고 했다. 우리 부부의 가슴에 이렇게 김승호 회장의 책들은 감동을 선사했다.

김승호 회장의 책은 남편과 내게 다시 일어설 수 있게 해준 희망의 책이다.

좋은 고객을 만나면 모든 고통은 감내 되었다

남편도 나처럼 타인에게서 벗어나지는 못했다. 나도 그렇게 배웠고, 남편도 그렇게 배웠다. 순한 사람들의 천편일률적인 고통의 시작이었다. 그런 인생이 평생을 힘들게 했다. 지치고 힘든 날들을 정말 무식하게 버티고 버텼다. 온갖 수모는 기본이고 인간 이하 취급은 덤이었다. 세상은 그렇게 우리를 내몰았다.

그러나 그 또한도 내가 바로 섰다면 생각도 상황도 달라졌을 것 같다.

정혜신의 저서『당신이 옳다』에서는

"어떤 이의 생각, 판단, 행동이 아무리 잘못됐어도 그의 마음에 대해 누군가가 묻고 궁금해한다면 복잡하게 꼬인 상황이 놀랄 만큼 쉽게 풀린다. 자기 마음이 공감 받았다고 느끼는 사람은 자기가 감당해야 할 몫이나 대가를 기꺼이 받아들인다. 책임질 일이 있으면 기꺼이 진다. 자기 마음이 온전히 수용되었다는 느낌 때문이다. 억울함이 풀려서다. 그러므로 '사람은 항상 옳다'는 명제는 언제나 옳다."라고 말했다.

힘든 인테리어업을 긴 세월 할 수 있었던 것은 좋은 고객들 덕분이었다. 그렇게 힘든 순간에도 나의 마음을 알아주는 좋은 고객을 만나면 모든 고통은 감내 되었다. 내가 아무리 잘못을 해도 이해해주는 고객이 있으면 고통쯤은 눈녹듯 녹았다. 좋은 고객은 내가 감당해야 할 몫과 대가를 기꺼이 수용할 수 있게 해주었다. 역시 사람은 언제나 옳았다.

당시 우리 고객들은 우리의 일과 인성을 보고 계속 소개했다. 고객 중에는 이사할 때마다 우리에게 공사를 부탁한 고객이 대다수였다. 본인 집은 물론 친인척까지도 소개했으니까. 인테리어업을 그만둘 때도 고객이 만류하기도 했다. 계속해 달라는 부탁도 했다.

좋은 고객 수천 명의 에너지보다 그렇지 못한 고객의 부정적 에너지가 더 강하게 느껴졌던 지난날. 사람은 좋은 일보다 힘든 일만 더 오래 기억하나 보다. 나만 봐도 그렇다. 이렇게 우리 마음속에는 감사한 고객이 더 많았다.

딸내미가 대학교 수능을 앞둔 어느 날이었다. A고객이 직접 케이크를 사 들고 왔다. 수능 잘 치르라는 말과 함께 건네주었다. 너무 감사했다. 젊은 부부였는데 참 잘 어울리고 예쁜 부부였다.

인테리어업을 하면서 맺은 인연 B고객은 늘 나를 믿어주고 지지해 준다. B고객과의 만남은 족히 15년은 되는 듯하다. B는 나와 인테리어업으로 만나 나의 지금까지 역사를 죄다 지켜본 친구같은 고객이다. 자신의 집은 물론 부모님집까지 모두 우리에게 일을 맡겼던 고객이다. 항상 나를 응원해주는 고마운 존재이기도 하다. 그 외에도 내게 고객의 따뜻했던 마음은, 살아갈 수 있는 힘의 근원이 될 수 있었다. 지금도 그 고마움은 잊지 못한다. 이 책을 빌려 나의 고객이었던 분들게 진심으로 감사함을 전한다.

책이 내겐 그랬다. 내 마음을 공감해주었고, 고통을 감내하게 했다. 책은 내가 살아있음을 각인시켜주었다. 책은 내가 옳았음을 인정해준 또 하나의 안식처였다.

평범한 사람들은 편함이라는 틀에 갇혀 살아간다. 그러나 나는 그 편함을 부정했고 도전했다. 나는 책을 통해 온전한 나를 인식할 수 있었고, 살아갈 수 있는 용기를 얻을 수 있었다. 내 삶에 충실하기 위해. 인생의 시간을 헛되이 쓰지 않기 위해. 오늘이라는 선물에 감사하며 살아간다. 소중하고 가치 있는 나 자신에게 집중하는 이 오늘이 새로운 시작임을. 나는 또 느껴본다.

독서는 최고의 변화 도구이다. 평범했던 자신을 세상의 주인공으로 만들어준다. 독서는 내면, 외면 모두를 당당한 자신으로 만들어준다. 태풍이 불어도 끄떡없는 튼튼한 소나무가 되어, 누구의 허세에도 흔들리지 않는 자신으로 만들어 준다. 독서를 하면 자신이 달라지고 세상이 달라져 보인다. 책을 통해 변화된 나의 모습이다. 세상에서 가장 중요한 것은 자신이고, 그 자신이 단단하게 변할 수 있는 수단은 단연코 책뿐이다. 세상에 책이 존재하는 한 당신은 비범한 1%가 될 수 있다.

나를 살린 문장들

『익숙한 것과의 결별』
구본형, 을유문화사

"하루 두 시간 이상을 매일 쉬지 않고 자신의 욕망에 투자하라. 욕망과 재능에 이제 시간을 더하라. 시간은 곧 삶이요 삶을 욕망과 재능에 투자하는 것이다. 이것만큼 확실한 투자는 없다. 다른 사람의 욕망과 재능에 돈과 시간을 걸지 말아라. 운이 좋으면 딸 수도 있지만 모든 것을 잃을 확률이 더 높다. 더욱 비참한 것은 스스로의 욕망을 희생하고, 하늘이 준 재능을 버림으로써 삶을 낭비하는 것이다."

– p.346

당신을 살린 한 권의 책

『돈』
보도 섀퍼, 북플러스

"스스로 책임지는 사람만 부자가 된다. 모든 책임은 나 자신에게 있다는 사실을 제대로 인식하지 못하면 재산을 모으는 것은 불가능하다. 책임은 국가에, 주변 여건에, 배우자에, 교육에, 건강에, 그리고 경제적인 상황에 있지 않고, 바로 나 자신에게 있다."

– 49쪽

이 책은 경제개념이 약했던 내가 돈에 대한 개념을 잡기 위해 읽었다. 책은 읽을 때마다 반성하게 되는데, 특히 이 책은 나의 경제개념을 매질했던 책이었다. 푼돈 아쉬운 줄 모르고 자랐던 나의 환경 탓의 핑계를 무색하게 했던 책이다. 나의 돈에 대한 인식부터 돈을 대하는 자세, 돈에 대한 자기진단의 평가까지 나를 낱낱이 처절히 발가벗긴 책이기도 하다. 돈에 대해 개념을 바로 잡고 내가 왜 부자가 되지 못했는지 후벼 파는 책이었다.
경제가 어려울수록 꼭 필요한 자기경영 책이다.

에필로그

지금의 나를 바꾸고
싶다면 책을 읽자!

자신이 먼저다

나에게 나는 어떤 존재일까? 사회적인 역할에 따라 갈아입는 옷을 말하는 것이 아니다.

오롯이 엄마의 자궁에서 10달 동안 머무르다 세상과 만났을 때의 나 말이다.

그런 나는 누구일까?

태어나 세상과 먼저 만나고, 태어나 타인을 먼저 만난 지금의 나.

사람들은 자신이란 사람이 누구인지도 모른 채, 역할을 먼저 만났던 세월을 따라, 그곳에 묻혀 살아간다. 나도 그랬다. 나는 특히나 더 그랬다. 백년의 반이 넘는 52년 동안 나는 나를 몰랐다. 그래서 늘 뒷전이었다. 내가 도대체 어떤 사람인지도 모르고 남들이 살기에 따라 살았다. 그런 내가 나를 알아가기 시작했다.

세상은 타인과 공존하며 살아간다. 나 혼자 세상을 살아갈 수 없는 것이 사회다. 누구나 사회적 역할에서 벗어날 수가 없고, 그 역할에 충실하다. 그러나 그런 생활 속에서도 나 자신을 잃어서는 안 된다. 나를 잃으면 모든 것을 잃는다. 내가 나를 모르고 내팽개치면 타인도 나를 내팽개친다. 내가 나를 짓밟으면 타인도 같이 짓밟는다.

제아무리 타인과 공존하며 살아간다지만 타인은 타인일 뿐이다. 타인은 나를 지켜주지 않는다. 나는 내가 지켜야 한다. 자신을 지키는 데 늦을 때란 없다. 그러나 늦어지면 늦어질수록 이미 만신창이가 된 자신은 원상복구는 되겠지만, 흉터가 심하게 남는다는 것을 알아야 한다.

세상은 자신이 먼저여야 한다. 그다음이 타인이다. 이기적으로 살라는 뜻이 아니다. 때론 이기심도 필요하겠지만, 이기심과 자기 자신을 챙기는 것과는 엄연히 다르다. 자신에게 꼭 맞는 옷을 입으려면 자신이 어떤 몸매인지 알아야 하듯, 자신이 어떤 사람인지, 어떤 가치관을 가졌는지, 무엇을 좋아하는지, 무엇을 싫어하는지를 알아야 한다는 뜻이다. 세상에서 가장 소중한 것은 자신 존재 자체라는 것을 명심해야 한다.

독서가 주는 변화

내게 독서는 내가 어떤 존재인지를 깨닫게 해주었다. 그리고 인생을 살아가면서 마주할 수밖에 없는 인간관계를 지혜롭게 풀도록 인도해주었다. 그 중심에는 항상 내가 있다는 것을 책은 열심히 설명했다. 많은 성공자는 그것을 깨닫기를 바라고 있다. 나도 마찬가지로 성공자들의 경험담을 통해 나의 변화를 실감하고 있다. 독서는 우리에게 많은 것을 준다. 정말 아낌없이 주는 나무와도 같다. 내가 변할 수 있었던 것은 내가 읽은 책 덕분이었다. 한창욱 저서『품격 있는 대화』는 나의 자존감을 높여주었고, 나의 사람 중심의 가치관이 옳다는 것을 입증해주었다. 김범준 저서『나는 매일 책을 읽기로 했다』는 책을 어떻게 읽어야 할지 우왕좌왕하는 나를 안내해주었다. 책을 읽으면 과연 나도 성공할 수 있을까? 과연 나도 바뀔 수 있을까? 하고 의심하는 나를 사이토 다카시의 저서『독서는 절대 나를 배신하지 않는다』가 굳건히 잡아주었다. 내가 읽었던 성공자들은 어쩌면 서로 짠 것처럼 같은 말을 반복했다. 이러한 변화가 내게 올 수 있다는 것이 신기했고 기적이었고 혁명이었다.

처음의 독서 시작은 열등감과 콤플렉스였고, 두 번째는 있어 보이고 싶어서였고, 세 번째는 달라지고 싶어서였다. 이 모든 것을 만족시킬 수 있게 만든 독서는, 역시나 나를 변화시켜주었다. 그뿐이 아니다. 나에게 독서는 작가라는 타이틀을 거머쥐게 했다. 처음 글 쓰기를 시작했을 때는 그냥 자서전이려니 하고 시작했다. 하지만 글을 쓰면 쓸수록 책임감과 사명감이 느껴졌다. 그리고 누군가는 나의 책을 읽으며 힘을 얻을지도 모른다는 바람이 더해지기도 했다. 그 덕분에 작가와 동기부여가라는 새로운 나의 브랜드를 입을 수 있었다. 이렇게 독서는 나에게 기적 같은 변화와 새로운 길을 열어주었다.

내가 했다면 당신도 할 수 있다

이 책은 나에게 자식 같은 존재다. 처음 글을 쓰려고 했을 때는 나 같은 사람이 책을 쓸 수 있을까 반신반의했고, 나를 의심했다. 그러나 한 권의 책을 완성하고 나니, 나의 핏줄이 하나 태어난 것 같다. 책을 한 권씩 낼 때마다 산고의 고통을 겪는 것 같다는 작가들의 말을 이해할 것도 같다. 그만큼 책은 쉽지 않았다. 부족한 책이지만 나는 해냈다. 내가 꿈꾸었던 작가로, 내가 꿈꾸었던 동기부여가로 내 인생이 다시 시작되었다. 자서전을 쓰고 싶었던 꿈을 버리지 않았고, 포기하지 않았다. 잘살고 싶다는 부자의 꿈도 버리지 않았고, 또 다른 꿈을 이루겠다는 꿈을 포기하지도 않았다.

글을 쓰는 내내, 시간이 지나면 지날수록, 텍스트의 힘은 생각보다 훨씬 강했다. 내가 책을 쓰면서 스스로 점점 강해지고 단단해져 옴을 느꼈고 그곳에서 힘을 느꼈다. 책을 읽는다는 것과 쓴다는 것은 강한 중독성을 일으키는 일인 만큼 성취감, 책임감, 사명감, 의무감이 동반되는 매력적인 일임에 틀림없다. 나는 마음을 다해 책 속에 진실만 담았고, 최선을 다해 글을 쓴 덕분에 완성하게 되었다. 모든 것을 끝내고 나니 마음이 무척 홀가분하다. 나는 독서를 통해 글 쓰기를 할 수 있었고, 자신을 변화시키고 혁명을 일으킬 수 있었다.

정말 자신을 변화시키고 싶다면,

정말 존재감 있는 당신을 원한다면,

정말 당신의 미래가 걱정된다면,

정말 오롯이 당신 존재 자체로 세상에 맞서고 싶다면,

독서를 해야 한다. 그것만이 답이다. 독서만이 당신을 도와줄 수 있다. 내가 할 수 있으면 당신도 할 수 있다. 나는 당신도 변한다는 것을 믿는다. 지금 당장 책을 들어라!

2019년 11월 장지민